AF587271

Verlag an der Ruhr

# Impressum


**Titel**

K.L.A.R. Literatur-Kartei
„Online war er noch so süß!"

**Autorin**

Annette Weber

**Titelbildmotiv**

© Andrey Kiselev – Fotolia.com

**Druck**

Druckerei Uwe Nolte, Iserlohn, DE

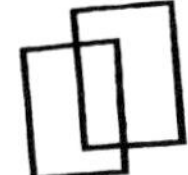

**Verlag an der Ruhr**
Mülheim an der Ruhr
www.verlagruhr.de


**Geeignet für die Klassen 7–10**

Das Buch zur Literatur-Kartei:
**K.L.A.R. – Taschenbuch**
**Online war er noch so süß!**
*Annette Weber*
12–16 J., 96 S.,
12 x 19 cm, Paperback
ISBN 978-3-8346-3922-6

**Unser Beitrag zum Umweltschutz**
Wir sind seit 2008 ein ÖKOPROFIT®-Betrieb und setzen uns damit aktiv für den Umweltschutz ein. Das ÖKOPROFIT®-Projekt unterstützt Betriebe dabei, die Umwelt durch nachhaltiges Wirtschaften zu entlasten. Unsere Produkte sind grundsätzlich auf chlorfrei gebleichtes und nach Umweltschutzstandards zertifiziertes Papier gedruckt.


**Urheberrechtlicher Hinweis:**
Das Werk und seine Teile sind urheberrechtlich geschützt. Jede Verwendung in anderen als den gesetzlich zugelassenen Fällen bedarf der vorherigen schriftlichen Einwilligung des Verlages. Im Werk vorhandene Kopiervorlagen dürfen vervielfältigt werden, allerdings nur für jeden Schüler der eigenen Klasse/des eigenen Kurses. Die dazu notwendigen Informationen (Buchtitel, Verlag und Autor) haben wir für Sie als Service bereits mit eingedruckt. Diese Angaben dürfen weder verändert noch entfernt werden. Die Weitergabe von Kopiervorlagen oder Kopien (auch von Ihnen veränderte) an Kollegen, Eltern oder Schüler anderer Klassen/Kurse ist nicht gestattet.
Der Verlag untersagt ausdrücklich das Herstellen von digitalen Kopien, das digitale Speichern und Zurverfügungstellen dieser Materialien in Netzwerken (das gilt auch für Intranets von Schulen und sonstigen Bildungseinrichtungen), per E-Mail, Internet oder sonstigen elektronischen Medien außerhalb der gesetzlichen Grenzen. Kein Verleih. Keine gewerbliche Nutzung. Zuwiderhandlungen werden zivil- und strafrechtlich verfolgt.

**Bitte beachten Sie die Informationen unter www.schulbuchkopie.de.**

Soweit in diesem Produkt Personen fotografisch abgebildet sind und ihnen von der Redaktion fiktive Namen, Berufe, Dialoge u. Ä. zugeordnet oder diese Personen in bestimmte Kontexte gesetzt werden, dienen diese Zuordnungen und Darstellungen ausschließlich der Veranschaulichung und dem besseren Verständnis des Inhalts.

Trotz sorgfältiger inhaltlicher Kontrolle kann keine Haftung für die Inhalte externer Seiten, auf die mittels eines Links verwiesen wird, übernommen werden. Für den Inhalt der verlinkten Seiten sind ausschließlich deren Betreiber verantwortlich.

**© Verlag an der Ruhr 2018**


**ISBN 978-3-8346-3923-3**

# Inhaltsverzeichnis


Vorwort ... 4

**Einstieg**

Das Titelbild und der Klappentext ... 5

**Kapitel 1**

Das Zeilenlineal ... 6
Richtig oder falsch? ... 7
Dein Körper und du ... 8

**Kapitel 2**

Noras Beauty-Channel ... 9
YouTube ... 10
Geschwister – eine besondere Beziehung ... 11

**Kapitel 3**

Welche Antwort stimmt? ... 12
Online-Dating – gut oder schlecht? ... 13

**Kapitel 4**

Ein Dating-Profil erstellen ... 14
Kennst du den Text? ... 15
Eine Situation – verschiedene Sichtweisen ... 16
Ein Standbild stellen ... 17

**Kapitel 5**

Was stimmt? ... 18
Veränderungen ... 19
Ein vertrautes Gespräch ... 20

**Kapitel 6**

Das 10-Fragen-Spiel ... 21
Ein bisschen faken ... 22
#Hashtag – was ist das denn? ... 23

**Kapitel 7**

Begründungen finden ... 24
Follower ... 25
Bewerte das Shoppingcenter! ... 26

**Kapitel 8**

Genau gelesen? ... 27
Die Identität im Internet ... 28
Das Vertrauen gewinnen ... 29

**Kapitel 9**

Wer sagt was? ... 30
Verdächtig oder nicht? ... 31
Freunden imponieren ... 32

**Kapitel 10**

Ein sicheres Date ... 33
Satzzeichen setzen ... 34

**Kapitel 11**

Das Bauchgefühl – eine gute Warnsirene ... 35
Madita erkennt die Gefahr ... 36

**Kapitel 12**

Das Zimmer ... 37
Der Kampf um das Handy – ein Standbild ... 38
Der Unbekannte ... 39

**Kapitel 13**

Die richtige Reihenfolge ... 40
Spannung ... 41
Was ist passiert? ... 42

**Kapitel 14**

Das Verhör ... 43
Gefühle ... 44
Selbstjustiz ... 45

**Kapitel 15**

Stimmt's? ... 46
Traumatische Erlebnisse ... 47
Happy End mit Valentin ... 48

**Alle Kapitel**

Kapitelüberschriften ... 49
Kannst du dich erinnern? ... 50
Das Interview ... 51
Das Cover ... 52
Einen Brief an die Autorin schreiben ... 53

**Lösungen für ausgewählte Aufgaben ... 54**

K.
L.
A.
R.

# Vorwort

Das Taschenbuch „Online war er noch so süß!“ und diese Literatur-Kartei gehören zu der Reihe K.L.A.R. Diese Reihe wurde speziell für sprach- und leseschwache Schüler* der Klassen 7 bis 10 entwickelt. Die Buchstaben K.L.A.R. stehen für folgende Merkmale:

| | |
|---|---|
| **K *urz*** | • kurze Sätze<br>• eine insgesamt geringe Textmenge<br>• häufige Absätze |
| **L *eicht*** | • leicht verständliche Sätze<br>• große Schrift<br>• viel wörtliche Rede |
| **A *ktuell*** | • aktuelle Themen |
| **R *eal*** | • praktische Lebenshilfe durch Auseinandersetzung mit Themen aus dem Alltag der Jugendlichen |

Sie finden in dieser Literatur-Kartei Arbeitsblätter zu den folgenden drei Themenbereichen:

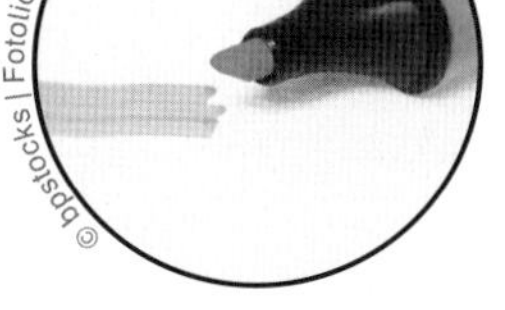


### 1. Aufgaben zur Überprüfung des Textverständnisses

Ein Schwerpunkt dieser Kartei liegt auf dem sinnentnehmenden Lesen. Anhand von Rätseln, Lückentexten und Fragen zum Inhalt können die Schüler kontrollieren, ob sie die einzelnen Textabschnitte auch wirklich verstanden haben.

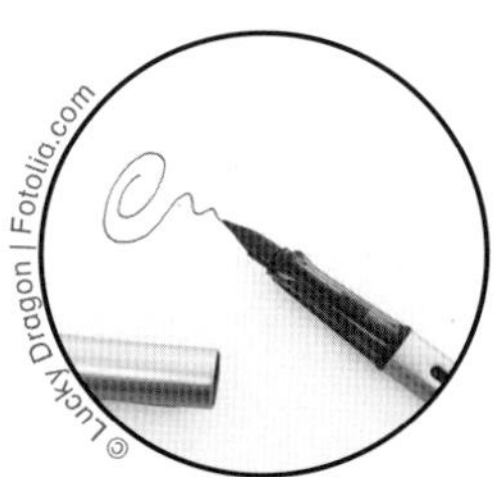


### 2. Aufgreifende und weiterführende Aufgaben und Aktivitäten

Auf diesen Arbeitsblättern geht es um die Ereignisse und die Personen des Romans. Die Schüler versetzen sich in die Figuren, geben ihnen Ratschläge und überlegen, wie es wohl weitergehen könnte. Außerdem können sie sich über den Roman hinaus mit wichtigen Themen beschäftigen und untereinander persönliche Erfahrungen austauschen.

### 3. Hintergrundinformationen

Auf diesen Arbeitsblättern bekommen die Schüler jede Menge Infos zu wichtigen Themen des Romans.

Ein weiterer Schwerpunkt dieser Unterrichtsmaterialien ist das Schreiben: Bei vielen Aufgaben werden die Schüler dazu aufgefordert, ihre Notizen, Ideen und Meinungen aufzuschreiben. Aus diesem Grund ist es sinnvoll, dass jeder Schüler sich ein Arbeitsheft zur Lektüre anlegt. Auf dieses sogenannte Lektüre-Arbeitsheft wird in den einzelnen Aufgaben auch immer wieder verwiesen. In diesem Heft können sie alle Aufgaben sammeln, damit sie den Überblick nicht verlieren.

*Aus Gründen der besseren Lesbarkeit wird in diesem Buch durchgehend die männliche Form verwendet. Natürlich sind damit auch immer Frauen, Mädchen, Lehrerinnen, Schülerinnen … gemeint.

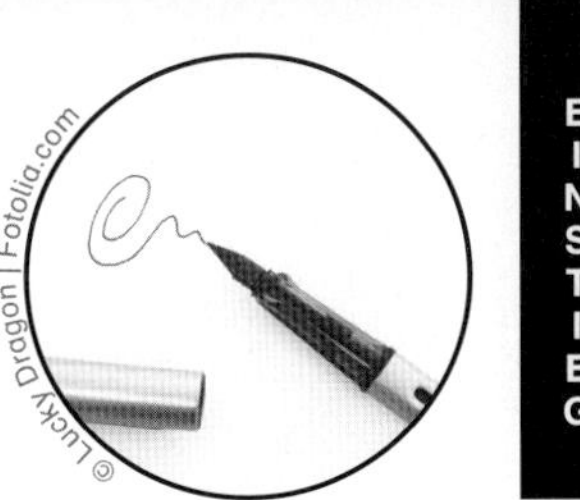
© Lucky Dragon | Fotolia.com

EINSTIEG

# Das Titelbild und der Klappentext

Du hast jetzt ein neues Buch vor dir liegen, das dich die nächsten Wochen begleiten wird. Noch kennst du die Geschichte nicht. Du kannst es dir aber schon genau anschauen.
Bevor du es liest, solltest du dir folgende Buchteile genau ansehen und durchlesen:

- das Cover (das ist das Bild außen auf der Vorderseite)
- den Klappentext (das ist der Text auf der Rückseite des Buches)
- das Vorwort des Autors (Seite 3)

**1. Schaue dir das Cover an.**
**Lies den Klappentext und das Vorwort.**

**2. Beantworte die Fragen:**

**a)** Was siehst du auf dem Cover?

..............................................................................................................

..............................................................................................................

..............................................................................................................

**b)** Wie kam der Autor auf die Idee, dieses Buch zu schreiben?

..............................................................................................................

..............................................................................................................

..............................................................................................................

**c)** Worum könnte es in dem Buch gehen?
Denke an das Cover, den Titel und das Vorwort.

..............................................................................................................

..............................................................................................................

..............................................................................................................

..............................................................................................................

..............................................................................................................

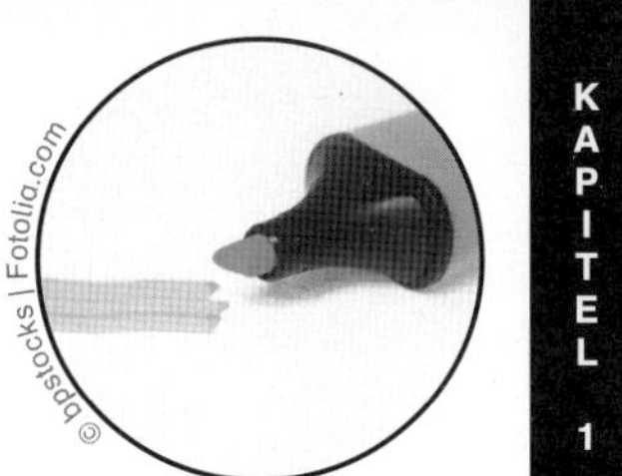




# Das Zeilenlineal

Wenn du mit deinen Mitschülern über Ereignisse aus dem Buch sprechen willst, ist es hilfreich, auf einzelne Textstellen zu verweisen. Dazu benötigst du aber nicht nur die Seitenzahl, sondern auch die Zeilenangabe. Da dieses Buch selbst keine Zeilenangaben hat, findest du hier eine Bastelvorlage. Das Zeilenlineal wird dir dabei helfen, ganz schnell die richtige Zeile auf einer Buchseite zu finden. Außerdem kannst du es als Lesezeichen nutzen.

1. **Schneide die Vorlage aus und klebe sie auf ein festes Stück Pappe. Schneide die überstehende Pappe sorgfältig ab.**
2. **Du kannst das Zeilenlineal bemalen.**
3. **Zur Übung: Suche die folgenden Wörter und Sätze in Kapitel 1 des Romans. Notiere die dazugehörige Seiten- und Zeilenzahl. Bei einer längeren Textstelle über mehrere Zeilen schreibst du z. B.: Seite 5, Zeile 17–20.**

   **a)** „Das ist wie ein Schlag in die Magengrube."

   Seite: ........................ Zeile: ........................

   **b)** „… habe ein Gesicht wie Abby Cadabby aus der Sesamstraße …"

   Seite: ........................ Zeile: ........................

   **c)** „Herr Rausch ist unser Sportlehrer."

   Seite: ........................ Zeile: ........................

   **d)** „Justin Bieber, diese behaarte Bifi!"

   Seite: ........................ Zeile: ........................

   **e)** „Hahaha, was für ein wahnsinniger Witz."

   Seite: ........................ Zeile: ........................

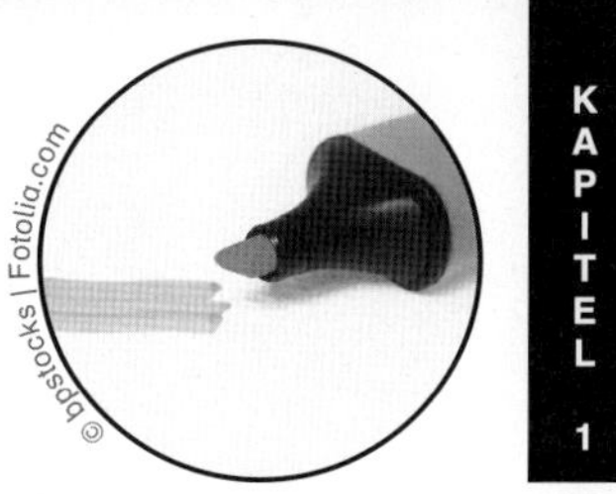


KAPITEL 1

# Richtig oder falsch?

**1. Lies das 1. Kapitel noch einmal.**
**2. Kreuze an, ob die folgenden Aussagen richtig oder falsch sind. Korrigiere die Sätze, wenn sie falsch sind.**

**a)** Valentin Krell ist groß, hat mittelblonde, kurze Haare und einen tollen Body.

☐ Richtig!
☐ Falsch! Richtig ist: ..............................

**b)** Der Ball fliegt an Madita vorbei und landet in Valentins Händen.

☐ Richtig!
☐ Falsch! Richtig ist: ..............................

**c)** Clara sieht total verliebt aus, wenn sie von Valentin Krell redet.

☐ Richtig!
☐ Falsch! Richtig ist: ..............................

**d)** Michael zieht eine Schachtel Zigaretten aus der Tasche und fischt sich eine Zigarette heraus.

☐ Richtig!
☐ Falsch! Richtig ist: ..............................

**e)** Sofia muss bei Valentin Krell an Justin Timberlake denken.

☐ Richtig!
☐ Falsch! Richtig ist: ..............................

**f)** Der Sportlehrer kann ziemlich sauer werden, wenn man gegen Schulregeln verstößt.

☐ Richtig!
☐ Falsch! Richtig ist: ..............................

**g)** Madita hat im letzten Geschichtsreferat eine Fünf bekommen.

☐ Richtig!
☐ Falsch! Richtig ist: ..............................

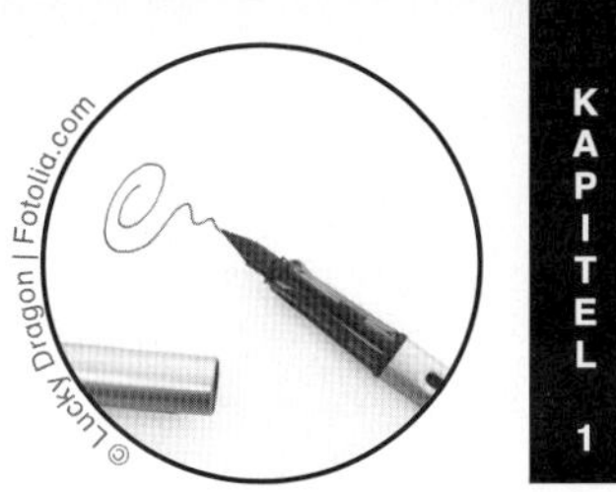


KAPITEL 1

# Dein Körper und du

Jeder Mensch hat den Wunsch, gut auszusehen. Allerdings fühlen sich nicht alle Jugendlichen in ihrem Körper wirklich wohl. Oft fühlen sich Mädchen noch unsicherer mit ihrem Aussehen als Jungs.

**1. Lies die folgenden Statements und markiere diejenigen farbig, die deiner Meinung nach stimmen.**

**a)** Attraktives Aussehen wird bei Jugendlichen mit zunehmendem Alter immer wichtiger.
**b)** Eher Jungs als Mädchen denken, sie wären zu dick.
**c)** Schönheitsideale beeinflussen die Jugendlichen nicht.
**d)** Einige Mädchen unterziehen sich Schönheitsoperationen, um ihren Idealvorstellungen zu entsprechen.
**e)** Menschen, die von ihren Eltern angenommen werden, entwickeln ein besseres Verhältnis zu ihrem Körper.

**2. Was ist für dich beim Aussehen wichtig? Schreibe auf.**

Ein Mädchen sollte …

..............................................................................................

..............................................................................................

Ein Junge sollte …

..............................................................................................

..............................................................................................

**3. Erstellt eine Meinungslinie zu verschiedenen Aussagen zum Aussehen von Jungen und Mädchen. Diskutiert anschließend in der Klasse über eure Meinungen.**

## Meinungslinie

1. Schreibt zwei unterschiedliche Meinungen zu einem Thema auf Blätter.
2. Hängt die Blätter möglichst weit voneinander entfernt auf einer gedachten Linie auf – z. B. ganz links und ganz rechts im Klassenraum.
3. Auf ein Kommando sucht sich jeder den Platz, der seine Meinung vertritt. Das kann links oder rechts oder in der Mitte sein, wenn man sich nicht sicher ist.



© Verlag an der Ruhr | Autorin: Annette Weber | ISBN 978-3-8346-3923-3 | www.verlagruhr.de

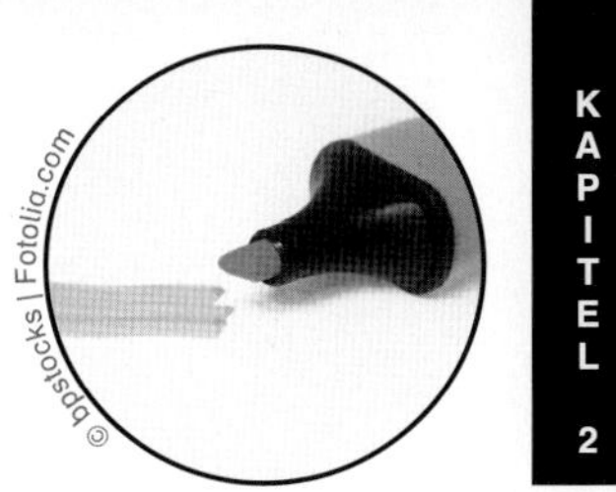




# Noras Beauty-Channel

**1. Maditas Schwester Nora hat einen Beauty-Channel auf YouTube. Sie wirft beim Schminken mit englischen Ausdrücken nur so um sich. Was will sie wirklich sagen? Verbinde.**

*Als Erstes nehme ich meine Foundation.*

*Das ist ein Must-have.*

*Sie ist meine absolute Base.*

*Das ist great, das ist einfach outstanding.*

*Zuerst benutze ich eine Grundierung.*

*Das ist großartig – hervorragend sogar.*

*Ohne das geht gar nichts.*

*Die ist die Grundlage für jedes Make-up.*

**2. Nora hat sich nun geschminkt. Lies noch einmal ihre Schminktipps und beschreibe, wie sie jetzt aussieht.**

........................................................................................................

........................................................................................................

........................................................................................................

........................................................................................................

........................................................................................................

........................................................................................................

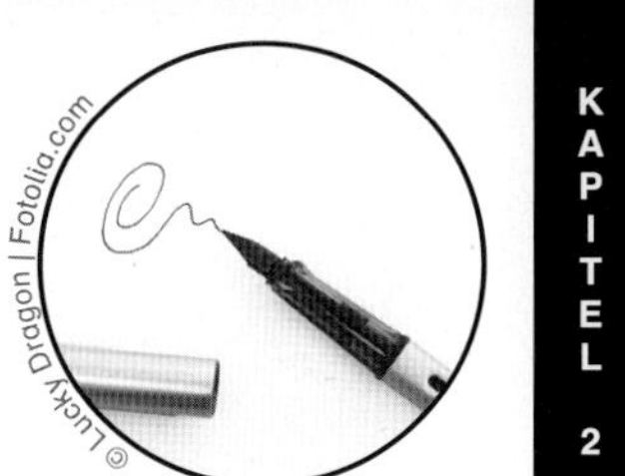




# YouTube

**1. Bei YouTube kannst du eigene Videos hochladen und mit der ganzen Welt teilen. Hier sind ein paar Beispiele von verschiedenen Channels, die zeigen, wie unterschiedlich die Themen sein können. Welche Channels schaust du dir an? Welcher interessiert dich ganz besonders?**

Züzü liebt türkische Popsongs. Auf ihrem Channel stellt sie türkische Sänger und deren Songs vor, die jeder kennen sollte.

„Stricken lernen für Anfänger" nennt Maria ihren Channel. Sie zeigt Schritt für Schritt, wie man verschiedene Muster strickt.

„Bouldern for Beginners" nennen Mike und Rick ihren Channel. Du kannst sie auf verschiedene Klettertouren im Gebirge begleiten und bekommst von ihnen viele Tipps zum Klettern.

**Ich interessiere mich besonders für folgende Themen:**

.................................................................................................

.................................................................................................

**Diese Channels schaue ich mir oft an:**

.................................................................................................

.................................................................................................

**2. Suche dir einen Partner in der Klasse, mit dem du ein Hobby gemeinsam hast. Stellt euch vor, ihr gestaltet zusammen einen YouTube-Channel. Überlegt gemeinsam und schreibt auf: Was wäre euer Thema? Welchen Namen würdet ihr euch geben? Welche Inhalte würdet ihr darstellen?**

**3. Stellt zwei Stühle vor die Klasse. Die YouTuber setzen sich nun auf die Stühle und präsentieren nacheinander ihre Channels.**

**4. Wer hat die besten Ideen? Stimmt in der Klasse ab.**

© Verlag an der Ruhr | Autorin: Annette Weber | ISBN 978-3-8346-3923-3 | www.verlagruhr.de

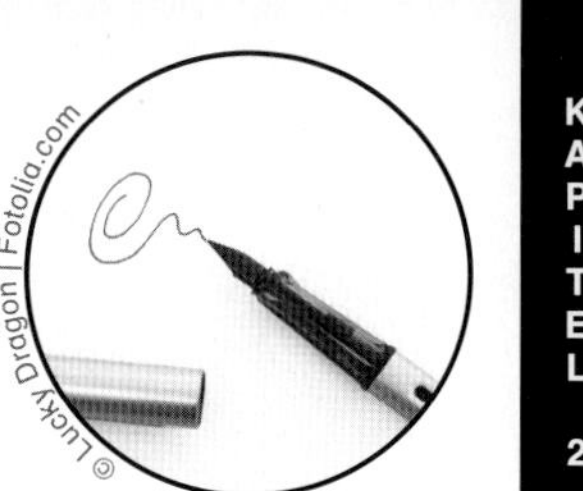


KAPITEL 2

# Geschwister – eine besondere Beziehung

Für die einen ist es die engste Beziehung, die man sich vorstellen kann, für andere eine große Rivalität. Geschwister zu haben, ist eine tägliche Herausforderung. Es ist eine enge Schicksalsgemeinschaft, die man nicht einfach so beenden kann.
Ob man Geschwister hat oder nicht; ob man das jüngste, älteste oder mittlere Kind in einer Familie ist, das alles ist für das spätere Leben entscheidend.

**1. Hast du Geschwister oder bist du ein Einzelkind? Falls du Geschwister hast: bist du das älteste, mittlere oder jüngste Kind in der Familie? Schreibe auf. Gehe dabei auf die Vor- und Nachteile ein, Geschwister zu haben bzw. ein Einzelkind zu sein.**

..........

..........

..........

..........

..........

..........

..........

..........

..........

..........

**2. Maditas Mutter erlaubt Nora, Maditas Zimmer zum Drehen ihres Videos zu benutzen. Madita regt sich darüber auf. Teilst du ihre Meinung? Hast du schon ähnliche Beispiele in deiner Familie erlebt?**
**Stellt eure Meinungen und Erfahrungen in einer Redekette dar. Ein Schüler beginnt und nimmt dann jemand anderen dran. Am Ende sollte jeder aus der Klasse seine Meinung mitgeteilt haben.**

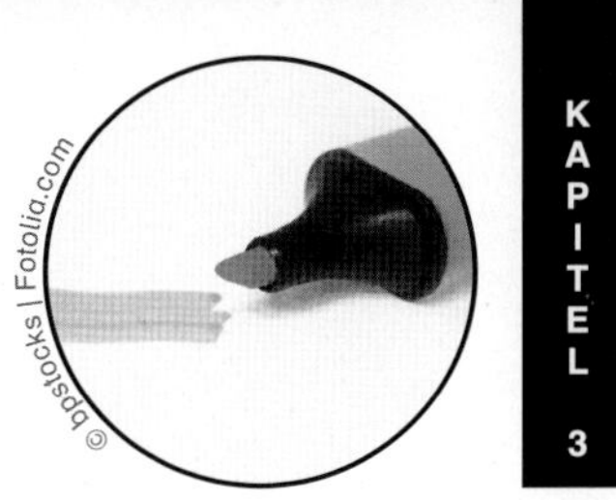




# Welche Antwort stimmt?

**1. Kreuze die richtige Antwort an.**

**1.** Noras T-Shirt ist
☐ knallrot ☐ quietschgelb ☐ neonorange

**2.** Wie viele Kilometer ist Dennis entfernt?
☐ 12 km ☐ 10 km ☐ 15 km

**3.** Welche Augenfarbe hat Noras Dating-Freund?
☐ grün ☐ braun ☐ blau

**4.** Welche Farbe hat die Mascara für Maddie?
☐ schwarz ☐ braun ☐ blau

**5.** Welchen Wagen fährt der Mann?
☐ SUV ☐ Sportwagen ☐ Pickup

**6.** Wie sieht der Typ aus?
☐ wie James Franc ☐ wie Jack Franco ☐ wie James Franco

**7.** Welche Schuhe trägt Nora?
☐ Ballerinas ☐ High Heels ☐ Joggingschuhe

**2. Nora hat auf alle Fragen ihrer Mutter eine passende Antwort. Was antwortet sie?**

**a)** Wohin gehst du?

..............................................................................

**b)** Wer ist das?

..............................................................................

**c)** Bist du denn nicht mehr mit Fred zusammen?

..............................................................................

**3. Auf die letzte Frage antwortet Nora nicht. Warum? Versuche, eine Antwort für sie zu finden.**

Wann schreibst du endlich mal eine Bewerbung?

..............................................................................

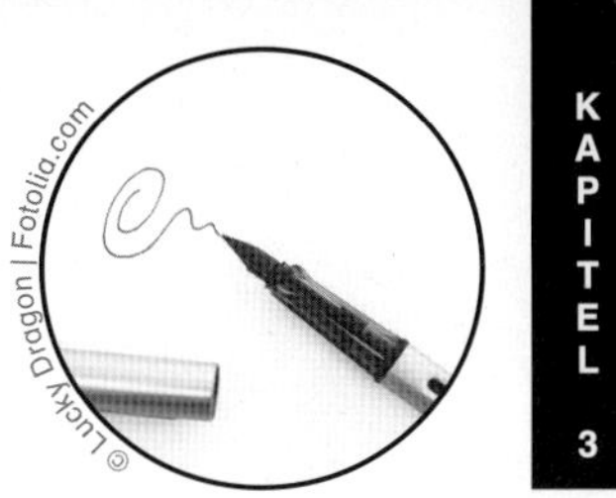


KAPITEL 3

# Online-Dating – gut oder schlecht?

Immer mehr Menschen lernen ihren Traumpartner im Internet kennen.

**1. Welche Dating-Seiten im Internet kennst du?**

..........

..........

..........

**2. Findest du es gut, wenn man versucht, online einen Partner zu finden? Schreibe deine Meinung auf.**

..........

..........

..........

**3. Führt eine Pro- und Kontra-Debatte über Online-Dating in der Klasse.**

## Pro- und Kontra-Debatte

1. Positioniert euch in zwei Gruppen.
2. Wählt einen Sprecher, der die Debatte überwacht und eine Rednerliste erstellt. Jeder kann sich an der Diskussion beteiligen, muss sich jedoch melden und sich in die Reihenfolge einfügen.
3. Jeder Teilnehmer trägt nun seine Argumente vor. So hat jeder die Möglichkeit, die andere Gruppe von seiner Position zu überzeugen.
4. Nach einer festgelegten Zeit können die Teilnehmer ihre Positionen neu bestimmen und haben so die Möglichkeit, ihre Meinung zu ändern.

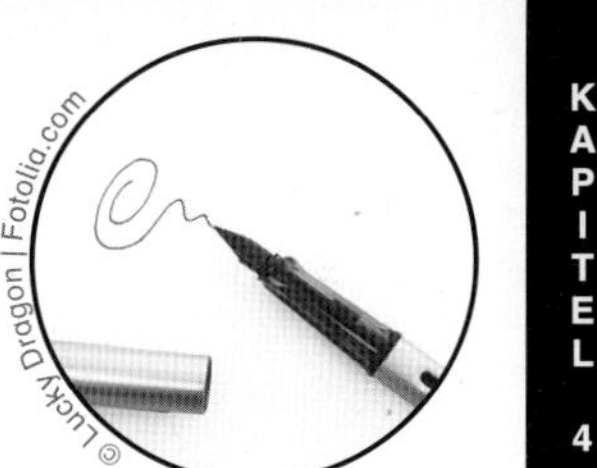


KAPITEL 4

# Ein Dating-Profil erstellen

1. **Erstelle ein Dating-Profil. Denke dir dabei eine Person aus – wahlweise kannst du aber auch Nora oder dich selbst nehmen.**
   **a)** Zeichne ein Porträt.
   **b)** Beschreibe die Person.
   **c)** Schreibe, nach welchem Partner gesucht wird und warum.
   **d)** Füge etwas Witziges hinzu, mit dem du Aufmerksamkeit auf das Profil ziehst.

© Verlag an der Ruhr

2. **Tauscht eure Profile untereinander in der Klasse. Niemand soll erkennen können, wer welches Profil geschrieben hat. Jeder stellt nun ein Dating-Profil vor. Vergebt Punkte von 1–10 für jedes Profil. Welche Profile erregen eure Aufmerksamkeit und welche dagegen nicht? Warum ist das so?**

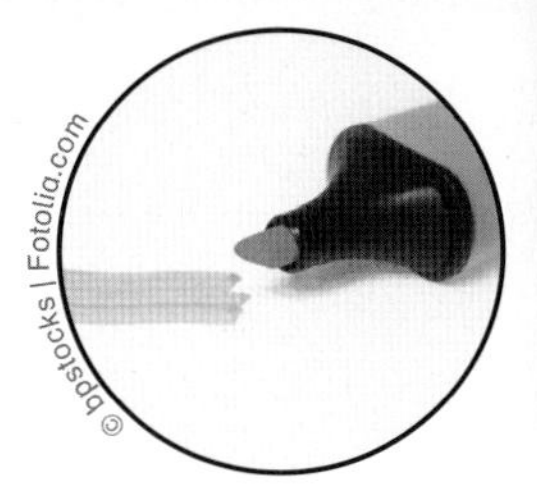


# Kennst du den Text?

**1. Lies das 4. Kapitel erneut. Suche die fehlenden Wörter und setze sie in das Rätsel ein.**

1.
2.
3.
4.
5.
6.
7.
8.
9.
10.
11.
12.

1. Madita springt beim Volleyball wie ein ..................
2. Die Farbe von Maditas T-Shirt ist ..................
3. Zum Warmwerden beginnt Madita, auf der Stelle zu ..................
4. Außer dem T-Shirt trägt sie schwarze ..................
5. Die Gruppe spielt ..................
6. Madita hasst Valentin bis in alle ..................
7. Valentin nennt Madita ..................
8. Die Turnhalle befindet sich an der ..................
9. Valentin fährt ein ..................
10. Maditas beste Freundin heißt ..................
11. Um sich zu konzentrieren, braucht Madita ..................
12. Valentin spielt, als wäre er beim ..................

**2. Wie heißt das Lösungswort? Schreibe auf.**

**Das Lösungswort heißt** ..................

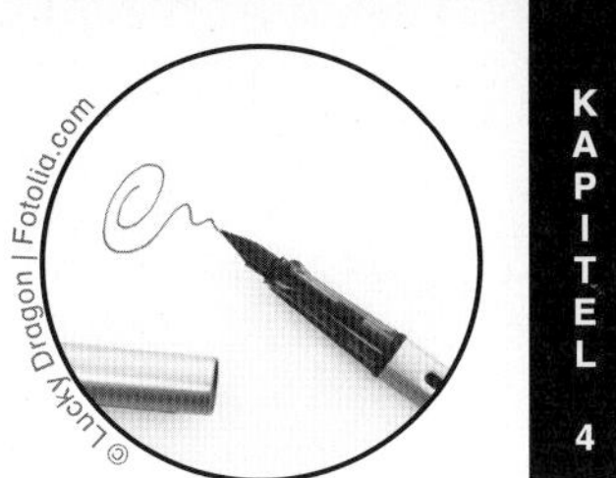




# Eine Situation – verschiedene Sichtweisen

Für den einen ist eine Situation die größte Katastrophe der Welt, für den anderen ein Vorfall, der kaum bemerkt wurde; wieder andere können sich darüber totlachen.

**1. Die Situation, in der Valentin Madita beim Volleyball unter sich begräbt, haben verschiedene Personen unterschiedlich wahrgenommen. Ordne die Sätze den Personen zu.**

Clara | Valentin | Madita

*„Ich kann mich nie wieder in die Schule trauen."*

*„Stundenlang haben wir noch Tränen darüber gelacht."*

*„Ich verstehe nicht, warum die Kleine mir ständig in die Quere kommt."*

*„Heute fühle ich mich echt toll neben den Kleinen aus der 7."*

*„Madita hat mir richtig leid getan."*

*„Emre hatte sofort wieder einen lustigen Spruch drauf. War ja auch zum Brüllen."*

*„Na toll, jetzt werde ich auch noch blöde angemacht."*

*„Mein Gesicht glüht wie Feuer."*

**2. Suche dir eine der drei Personen aus und schreibe die Situation komplett aus ihrer Sicht auf.**

**3. Bildet 3er-Gruppen: Jede Gruppe sollte möglichst drei unterschiedlich gewählte Perspektiven aufweisen. Lest euch dann gegenseitig die verschiedenen Sichtweisen vor und beurteilt, wie gut die Perspektive jeweils getroffen wurde.**


© Verlag an der Ruhr | Autorin: Annette Weber | ISBN 978-3-8346-3923-3 | www.verlagruhr.de

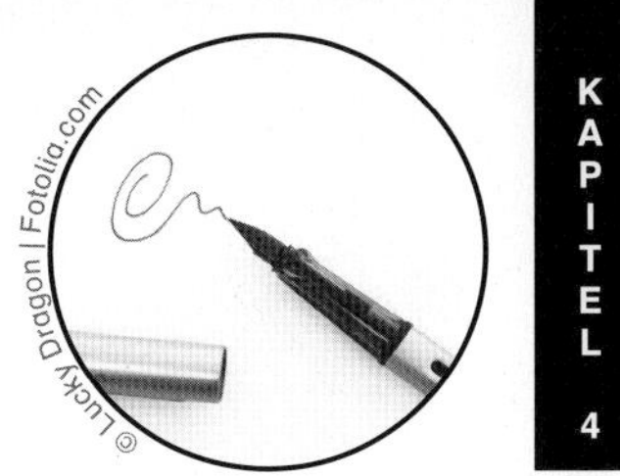


KAPITEL 4

# Ein Standbild stellen

1. **Bildet 4er-Gruppen. Verteilt folgende Rollen unter euch: Madita, Valentin, Clara, Emre**
2. **Macht euch Notizen zu diesen Personen. Wenn ihr dabei Hilfe benötigt, lest noch einmal in Kapitel 4 nach. Überlegt auch, warum ihr euch für diese Personen entschieden habt. Was hat jeder mit seiner Person gemeinsam?**
3. **Nehmt ein Blatt Papier, zeichnet die Personen als Kreise und gruppiert sie so, wie sie eurer Meinung nach zueinander stehen.**

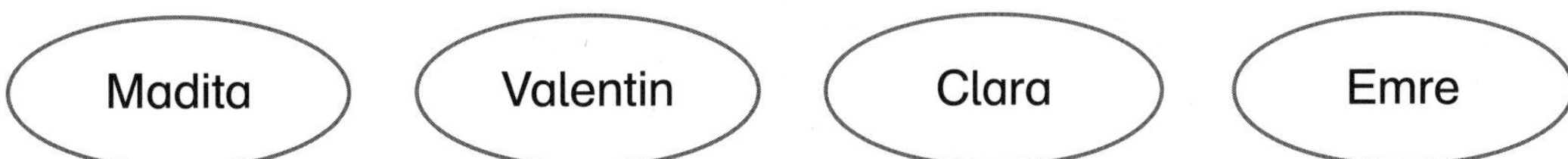


4. **Jeder für sich überlegt nun, wie er die Gefühle seiner Rolle in einer Pantomime ausdrücken kann.**
5. **Baut ein gemeinsames Standbild.**
6. **Präsentiert das Standbild stumm in der Klasse.**
7. **Redet abschließend über die verschiedenen Standbilder. Welches Standbild hat euch gut gefallen, welches war ganz anders als das eurer Gruppe?**

## Standbild

1. Entscheidet, wer welche Person darstellt.
2. Macht euch zunächst in der Gruppe Notizen zu den einzelnen Personen (Charaktereigenschaften, Art, Auftreten).
3. Überlegt, wie ihr die Eigenarten im Standbild ausdrücken könnt (Körperhaltung, Mimik).
4. Überlegt dann, wie die Personen im Standbild angeordnet sein sollen, z. B.:
   - Freunde stehen eng beieinander
   - Gegner stehen weit entfernt voneinander
   - Außenseiter stehen abseits der Gruppe
5. Stellt euer Standbild einmal zur Probe und präsentiert es dann der Klasse.


© Verlag an der Ruhr | Autorin: Annette Weber | ISBN 978-3-8346-3923-3 | www.verlagruhr.de

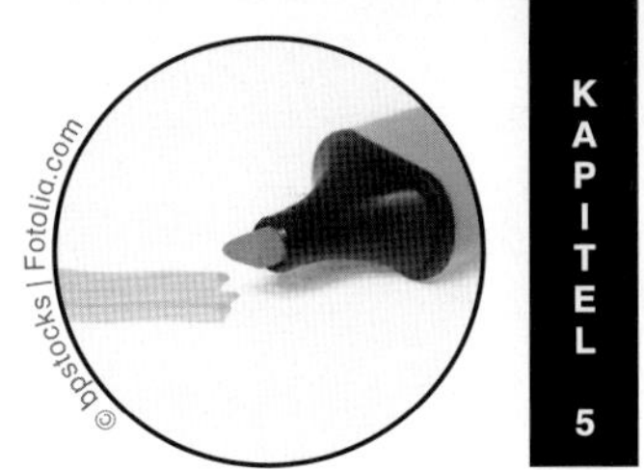




# Was stimmt?

**Streiche das Wort, das nicht richtig ist, durch. Wenn du dir unsicher bist, lies noch einmal in Kapitel 5 nach.**

**a)** So traurig/fertig war ich schon seit zehn Jahren nicht mehr.

**b)** Und nun folgen/kommen zwei Emojis, einer mit Herzchen in den Augen und einer mit einem knutschenden Herzchen.

**c)** Es ist nicht so profimäßig wie bei Nora, aber ganz so schlecht/übel sehe ich echt nicht aus.

**d)** Ich greife zu der „Base", wie Nora es genannt hat, und schmiere mir eine braune Paste/Grundierung in mein Gesicht.

**e)** So, und wenn ich Valentin Krell nicht kriegen kann, dann suche ich mir einfach einen süßen/schicken Typen mit Sportwagen.

**f)** Sie ist ja immerhin schon ziemlich alt, und sie versteht nichts vom Schminken und von Tinder/YouTube und so.

**g)** Und ehrlich, auch wenn Mama nicht so wirklich den Durchblick in Sachen Mode hat, reden/quatschen kann ich immer gut mit ihr.

**h)** Schnell schlüpfe/steige ich aus den Leopardenschuhen und versuche, sie unter das Bett zu schieben.

© by DigiClack – Fotolia.com

© Verlag an der Ruhr | Autorin: Annette Weber | ISBN 978-3-8346-3923-3 | www.verlagruhr.de

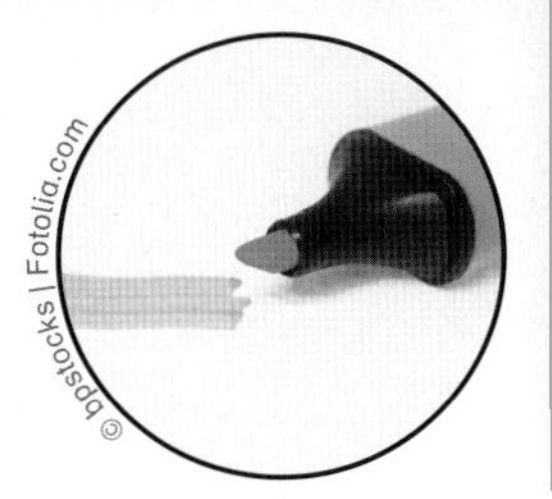


# Veränderungen

**1. Madita möchte sich gerne äußerlich verändern. Schreibe auf, welche Veränderungen sie vornimmt.**

..........

..........

..........

..........

..........

..........

**2. Maditas Mutter mag die Veränderungen nicht. Schreibe in die Sprechblasen, was sie dazu sagt.**

**3. Warum mag Maditas Mutter ihre Veränderungen nicht? Was könnte der Grund dafür sein? Kreuze an oder schreibe einen eigenen Grund.**

- ☐ Sie will nicht wahrhaben, dass Madita älter geworden ist.
- ☐ Sie mag es nicht, dass Madita sich schminkt.
- ☐ Sie hat Angst, dass es dem Vater nicht gefällt.
- ☐ ..........

**4. Tragt die Begründungen in der Klasse zusammen und überlegt gemeinsam, welcher Grund ausschlaggebend ist.**

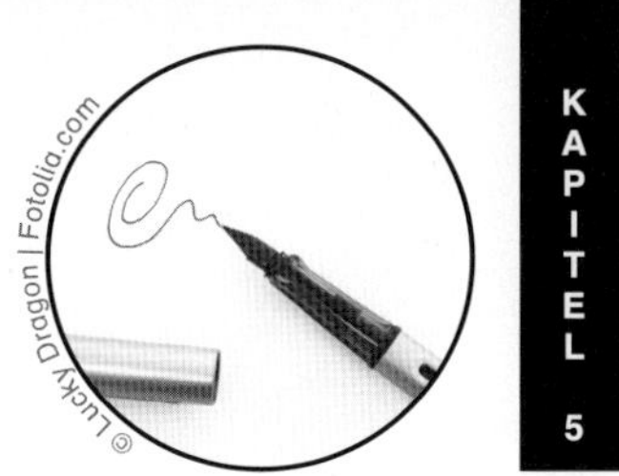


KAPITEL 5

# Ein vertrautes Gespräch

Madita kann sich gut mit ihrer Mutter über ihre Probleme unterhalten.

**1. Suche dir einen Partner und schreibe mit ihm zusammen das Gespräch zwischen Madita und ihrer Mutter am Ende des 5. Kapitels auf. Lies ggf. noch einmal im Buch nach.**

Mutter: Och nö, Mädchen! Ich wollte dir nicht wehtun. Was ist denn, mein Schatz. Bitte sag doch was. Vielleicht kann ich dir ja helfen.

Madita: ..........

Mutter: ..........

Madita: ..........

Mutter: ..........

Madita: ..........

Mutter: ..........

**2. Tragt diesen Dialog in der Klasse vor.**

**3. Welche Eigenschaften muss jemand haben, damit man ihm Probleme anvertraut?**

..........

..........

**4. Wem vertraust du deine Probleme an und warum?**

..........

..........

© Verlag an der Ruhr | Autorin: Annette Weber | ISBN 978-3-8346-3923-3 | www.verlagruhr.de

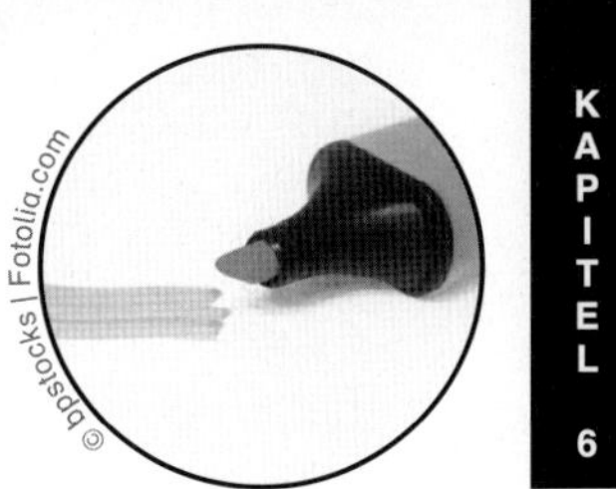




# Das 10-Fragen-Spiel

## Das 10-Fragen-Spiel

So geht es:

1. Jeder liest das 6. Kapitel noch einmal ganz für sich allein.
2. Nun überlegt sich jeder zehn Fragen zum Inhalt des Kapitels und trägt sie in die Kärtchen ein.
3. Teilt die Klasse in zwei Gruppen. Jeweils ein Schüler der ersten Gruppe stellt einem Schüler der zweiten Gruppe nun eine Frage. Beantwortet der Schüler der zweiten Gruppe die Frage richtig, bekommt die Gruppe einen Punkt.
4. Der Spielleiter hält den Punktestand an der Tafel fest. Gewonnen hat die Gruppe mit den meisten Punkten.

© Verlag an der Ruhr | Autorin: Annette Weber | ISBN 978-3-8346-3923-3 | www.verlagruhr.de

KAPITEL 6

# Ein bisschen faken

„Fake“ kommt aus dem Englischen und bedeutet eigentlich „Fälschung“. Bei uns bedeutet es „schwindeln“; etwas nicht richtig darstellen oder etwas so darstellen, dass es echt erscheint, aber nicht der Wahrheit entspricht.

**1. Finde die passenden deutschen Wörter für diese Begriffe.**

**a)** Das ist gefakt.

..........................................................................................

**b)** Das sind Fake-News.

..........................................................................................

**c)** Das ist ein Fake-Name.

..........................................................................................

**2. Lies die folgenden Fakes. Markiere diejenigen rot, die du schlimm findest. Markiere sie grün, wenn du findest, dass sie noch in Ordnung gehen.**

*„Sie suchte sich ein Profilbild aus dem Internet und setzte es bei Instagram ein.“*

*„Er hackte ihr Profil und veränderte es.“*

*„Sie fakte ihr Alter und ihren Namen.“*

*„Er fakte sein Arbeitszeugnis und bekam damit die Stelle.“*

**3. Schreibt diese Sätze an die Tafel. Positioniert euch dazu jeweils mit einem roten oder einem grünen Kreidepunkt.
Diskutiert dann das Ergebnis. Wo gibt es die meisten Übereinstimmungen, wo gehen die Meinungen auseinander?**

**4. Überlegt gemeinsam, wann ein Fake ein akzeptabler Schwindel ist und wann eine Straftat.**

© kebox | Fotolia.com

# #Hashtag – was ist das denn?

Hashtags (#) sind Schlagworte, die Inhalte in den sozialen Netzwerken, wie Instagram oder Twitter, zusammenfassen. Alle Beiträge, die mit einem Hashtag sortiert sind, können thematisch gefiltert und so schnell gefunden werden. Man setzt das Doppelkreuz # und schreibt dahinter in einem Wort zusammengefasst, mit welchem Thema der Post zu tun hat. Früher hat man geglaubt, durch Hashtags eine größere Reichweite zu erzielen. Heute weiß man, dass ein Hashtag allein längst nicht ausreicht, um Erfolg zu haben. Trotzdem spielen sie immer noch eine große Rolle. Durch einen besonderen Hashtag oder auch eine gute Kombination von diesen gewinnt man die Aufmerksamkeit der Leser und findet so mehr Follower.

**Beispiele:**

Thema Mobbing: #mobbingistuncool

Thema Veganismus: #ilikeitvegan

**Finde einen passenden und originellen Hashtag, der viel Aufmerksamkeit erregt.**

Hi Leute, ich bin in Berlin.
Es ist der Wahnsinn

# ..........

© by drubig-photo – Fotolia.com

Schon wieder bin ich schweißgebadet

# ..........

© by orpheus26 – Fotolia.com

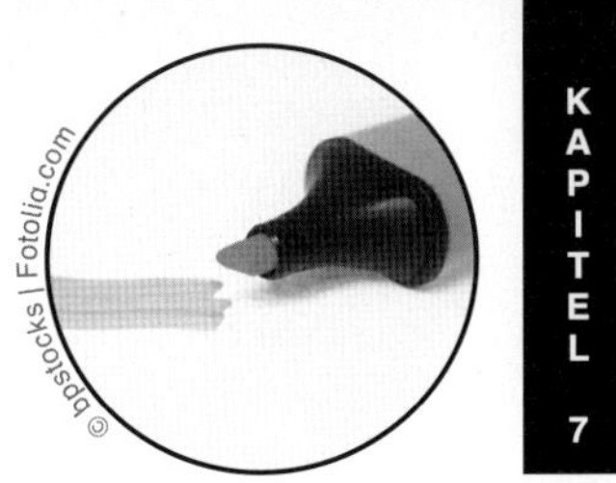




# Begründungen finden

**1. Lies das 7. Kapitel noch einmal.**

**2. Finde die passenden Begründungen.**

**a)** Für das Foto auf der Fensterbank bekommt Madita besonders viele Herzchen, weil

..........................................................................................................

**b)** Maditas Eltern kommen nicht vor dem Abendessen nach Hause, weil

..........................................................................................................

**c)** Nora zieht mit einem Sportwagentypen ab, weil

..........................................................................................................

**d)** Madita zieht die hochhackigen Stiefeletten an, weil

..........................................................................................................

**e)** Madita antwortet PeterPan nicht, weil

..........................................................................................................

**f)** Tobias95 weiß, dass sich Madita im Shoppingcenter befindet, weil

..........................................................................................................

**g)** Madita löscht die Nachricht von Tobias95 nicht, weil

..........................................................................................................

**h)** Madita findet SteffHei ziemlich dumm, weil

..........................................................................................................

**3. Was gefällt Madita an Tobias95?**

..........................................................................................................

..........................................................................................................

..........................................................................................................

..........................................................................................................



© Verlag an der Ruhr | Autorin: Annette Weber | ISBN 978-3-8346-3923-3 | www.verlagruhr.de

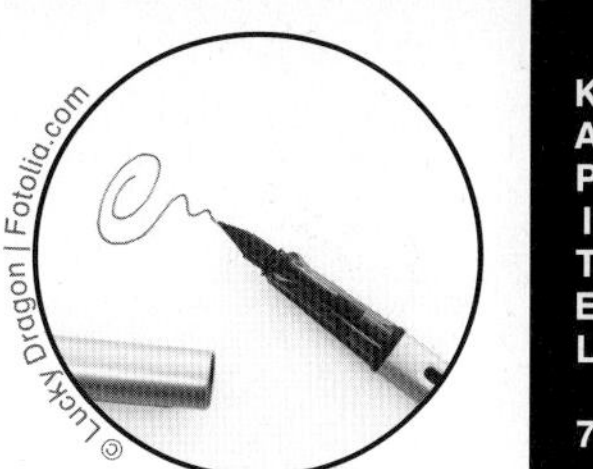


KAPITEL 7

# Follower

S. 45 Z. 1–6

*Ab da folgen die Benachrichtigungen im 15-Sekunden-Takt.*
*Ronald428 folgt dir jetzt.*
*PeterPan folgt dir jetzt.*
*Amelie folgt dir jetzt.*
*KevinTomK folgt dir jetzt.*

**1. Wie viele Abonnenten hat Madita abends?**

..............................................................................................................

**2. Welche Erklärung hast du dafür?**

..............................................................................................................

**3. Tobias95 erregt Maditas Aufmerksamkeit. Was unterscheidet ihn von den anderen?**

..............................................................................................................

**4. Wie findest du Instagram? Nutzt du es oder gefällt es dir nicht? Mache dir Notizen.**

**5. Sprecht in einer „Fishbowl" darüber.**

## Fishbowl

1. Stellt sechs Stühle in einen Halbkreis.
2. Ein Platz ist für den Diskussionsleiter, zwei sind für Schüler, die Instagram nutzen und zwei für Schüler, die Instagram nicht mögen. Ein Platz bleibt frei.
3. Die anderen Schüler der Klasse hören zu und machen sich eventuell Notizen.
4. Der Diskussionsleiter eröffnet die Runde. Die Teilnehmer diskutieren über Instagram und machen ihre Standpunkte plausibel.
5. Wenn ein Außenstehender mitdiskutieren möchte, kann er sich auf den freien Platz setzen und an der Diskussionsrunde teilnehmen. Teilnehmer, die von Anfang an in der Runde sitzen, können ihren Platz frei machen.
6. Nach etwa 10 Minuten ist die Fishbowl beendet.
7. Die Schüler, die zugeschaut und sich Notizen gemacht haben, haben nun die Möglichkeit, ihre Eindrücke mitzuteilen.


© Verlag an der Ruhr | Autorin: Annette Weber | ISBN 978-3-8346-3923-3 | www.verlagruhr.de

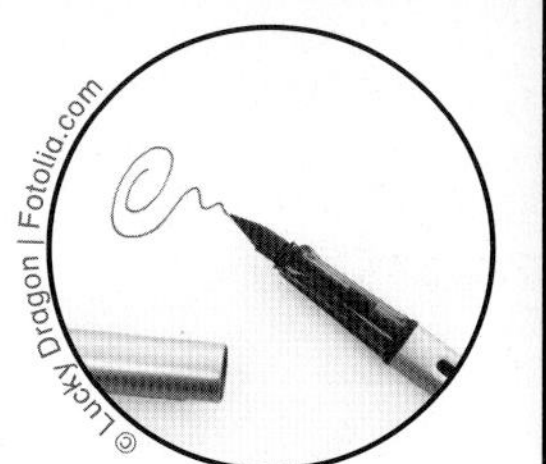
© Lucky Dragon | Fotolia.com

KAPITEL 7

# Bewerte das Shoppingcenter!

S. 45 Z. 1–6

*„Du befindest dich hier“, schlägt Instagram mir vor und macht einen Pfeil auf das Shoppingcenter. „Bewerte das Shoppingcenter.“*

**1. Madita wird von Google gefunden. Wie ist das möglich, dass ein Handy geortet wird?**

**a)** ☐ Das Handy hat sich mit dem WLAN-Netz verbunden.
**b)** ☐ Man wird von einer Kamera beobachtet.
**c)** ☐ Man hat sein GPS angeschaltet.
**d)** ☐ Man hat ein Foto dazu in einem sozialen Netz gepostet.

**2. Kaum hat Madita das Eiscafé bewertet, bekommt sie folgende Werbung:**

© by Jacek Chabraszewski – Fotolia.com

© by Halfpoint – Fotolia.com

© by Mongkol Chuewong – Fotolia.com

**Wie erklärst du dir das?**

..........

..........

..........

..........

..........

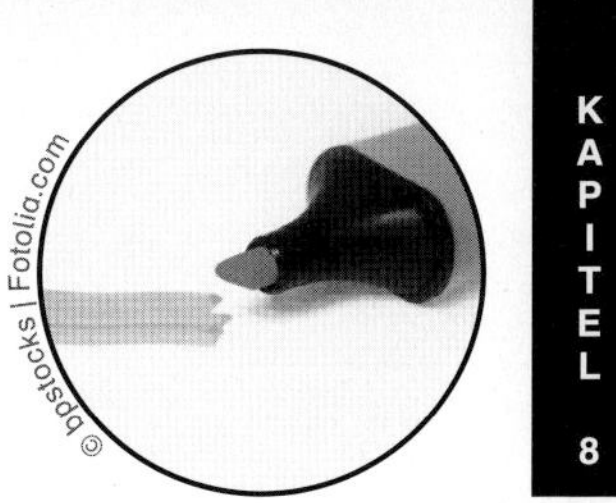


KAPITEL 8

# Genau gelesen?

**Lies das Kapitel 8 ganz genau. Kreuze dann die passende Antwort an.**

**1.** Wie oft hatte Nora schon einen Freund?

☐ 10-mal ☐ 13-mal ☐ 24-mal

**2.** Wo spielt der Tatort?

☐ in Köln ☐ in Münster ☐ in Erfurt

**3.** Wie will Tobias mit Madita schreiben?

☐ per SMS ☐ per Mail ☐ per WhatsApp

**4.** Wie heißt Madita mit Nachnamen?

☐ Arens ☐ Arer ☐ Ahrens

**5.** Wie heißt Tobias95 wirklich?

☐ Tobias Timm ☐ Tobias Tomm ☐ Tobias Tamm

**6.** In welchem Fach ist Tobias schlecht?

☐ Englisch ☐ Biologie ☐ Mathe

**7.** Welches Haustier hat Tobias?

☐ eine Katze ☐ einen Hund ☐ ein Kaninchen

**8.** Was trinken Maditas Eltern abends?

☐ Wein ☐ Tee ☐ Bier

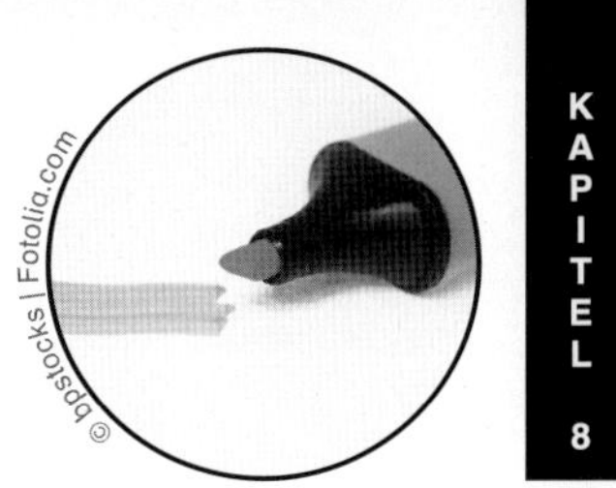


KAPITEL 8

# Die Identität im Internet

**1. Nora gibt Madita viele Tipps, wie sie ihre Identität im Internet geheim halten kann. Hält sich Madita an diese Tipps, ja oder nein? Verbinde.**

*Sage niemandem dein Alter.*

*Verrate deinen Namen nicht.*

JA NEIN

*Schalte dein GPS aus.*

*Verrate niemandem deine Adresse.*

**2. Warum verhält sich Madita so?**

..........................................................................................

..........................................................................................

**3. Fallen dir noch weitere Möglichkeiten ein, deine persönlichen Informationen (wie Name, Alter, Wohnort, Schule) im Internet geheim zu halten?**

..........................................................................................

..........................................................................................

..........................................................................................

..........................................................................................

..........................................................................................

..........................................................................................

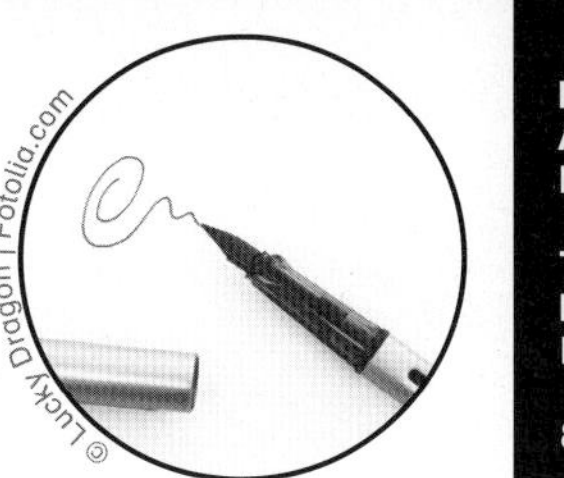


KAPITEL 8

# Das Vertrauen gewinnen

S. 55 Z. 1–4

*„Hi!“, meldet sich Tobias95.*
*„Heute noch gar nichts von dir gehört.“*
*Ich freue mich, von ihm zu lesen.*
*„Mir ist langweilig“, schreibe ich.*

**1. Tobias95 gelingt es, Maditas Vertrauen zu gewinnen. Wie macht er das? Führt ein stummes Schreibgespräch.**

## Stummes Schreibgespräch

1. Setzt euch in 4er-Gruppen zusammen. Legt ein Blatt in die Mitte.
2. Einer beginnt, die Frage schriftlich zu beantworten, ein anderer ergänzt. Dabei wird nicht geredet.
3. Wenn ihr fertig seid, tauscht ihr das Blatt mit einer anderen Gruppe und vergleicht.

**2. Um sich gerne mit jemandem zu unterhalten oder mit jemandem zu schreiben, sollte der Gesprächspartner einen witzigen Einstieg finden. „Hi“ ist so ziemlich das Langweiligste, was einem einfallen könnte.**
**Stelle dir vor, du bist Tobias95 und beginnst eine geistreichere Unterhaltung. Wie würdest du anfangen?**

..............................................................................................................

..............................................................................................................

..............................................................................................................

..............................................................................................................

..............................................................................................................

..............................................................................................................

..............................................................................................................

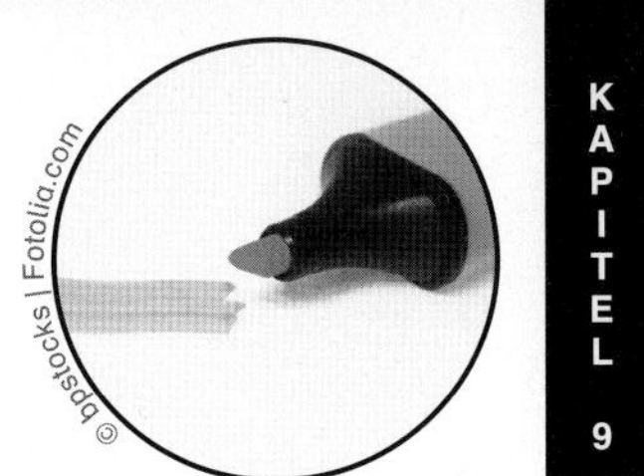




# Wer sagt was?

**Wer sagt was? Verbinde die wörtliche Rede mit der Person, die den Satz gesagt hat. Lies in Kapitel 9 nach, falls du es nicht mehr weißt.**

*„Bin noch beim Frühstück."*

*„Hast du echt einen Freund?"*

*„Wow, geil."*

*„Kennst du nicht."*

*„Ein Date oder was?"*

*„Wir sind noch nicht so lange zusammen."*

*„Bist du auf dem Weg zur Schule?"*

*„Samstag 15 Uhr? Im Eiscafé?"*

Tobias95 | Emre | Clara | Madita

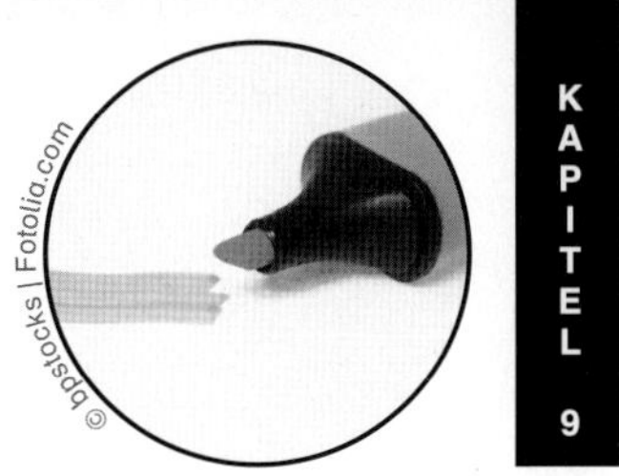




# Verdächtig oder nicht?

**1. Setze dich mit einem Partner zusammen.
Schreibt alles auf, was ihr in Kapitel 9 über Tobias95 erfahrt.**

**2. Jetzt arbeitet jeder für sich allein. Schreibe die Aussagen auf, die du ihm glaubst, und dann die, die du ihm nicht glaubst.**

**Welche Aussagen glaubst du ihm?**

**Welche Aussagen glaubst du ihm nicht?**

**3. Vergleiche deine Meinung mit deinen Klassenkameraden und versuche, sie zu begründen.**

© Verlag an der Ruhr | Autorin: Annette Weber | ISBN 978-3-8346-3923-3 | www.verlagruhr.de

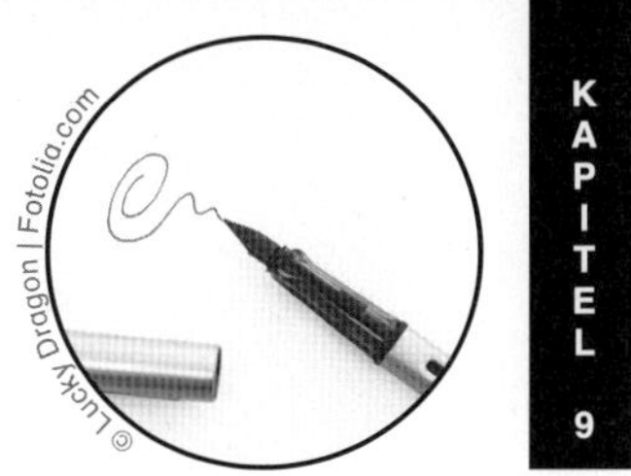




# Freunden imponieren

Madita wird von ihren Freunden nicht ernst genommen. Jetzt, wo sie einen Freund hat, kann sie ihnen endlich imponieren.

**1. Schreibe einen Dialog zwischen Madita, Emre und Clara über Maditas neue Bekanntschaft Tobias95.**

**Emre:** Heute wieder Volleyball? War ja zu schräg, als dich dieser Riesentyp da unter sich begraben hat.

**Madita:** Haha, sehr witzig. Ich habe tagelang gelacht.

**Ihr Handy piept.**

**Emre:** ..................................................

..................................................

..................................................

..................................................

..................................................

..................................................

..................................................

..................................................

..................................................

..................................................

..................................................

..................................................

..................................................

..................................................

**2. Suche dir zwei Partner und tragt das Gespräch zusammen vor.**

© Verlag an der Ruhr | Autorin: Annette Weber | ISBN 978-3-8346-3923-3 | www.verlagruhr.de

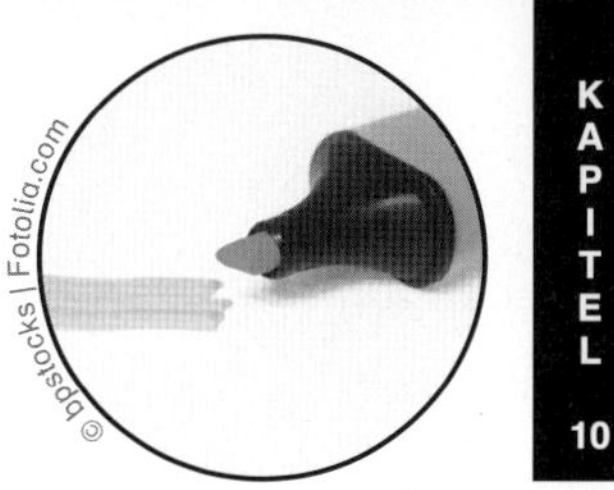




# Ein sicheres Date

Ein sicheres Date mit einem Menschen, den man ausschließlich im Internet kennengelernt hat, gibt es nicht. Aber man kann versuchen, gewisse Vorsichtsmaßnahmen zu treffen.

**1. Schreibe die Regeln auf, die Madita beachtet. Was tut sie und welche Regel kannst du daraus ableiten?**

**Regel 1:**

..........................................................................................................

Darum verabredet Madita sich um 15.00 Uhr.

**Regel 2:**

..........................................................................................................

Darum trifft sich Madita mit dem Unbekannten im Eiscafé.

**Regel 3:**

..........................................................................................................

Darum erzählt Madita Nora von dem Treffen mit Tobias.

**2. Was hätte Madita besser machen können, um das Treffen noch sicherer zu gestalten?**

..........................................................................................................

..........................................................................................................

..........................................................................................................

..........................................................................................................

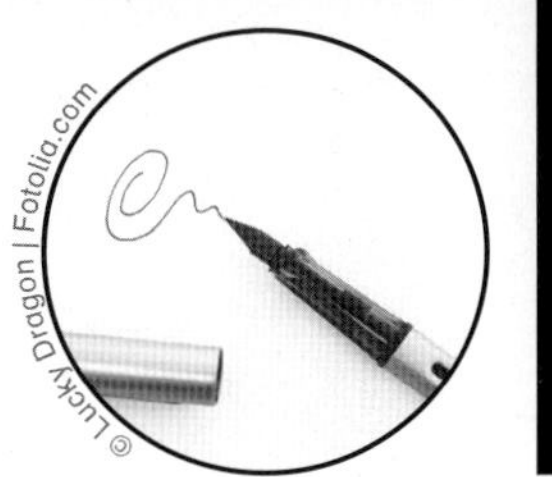


KAPITEL 10

# Satzzeichen setzen

1. Lies dir den Textausschnitt unten genau durch.
2. Im Text fehlen die Satzzeichen. Trage sie an der passenden Stelle ein.
3. Verbessere das jeweils erste Wort im Satz: Am Satzanfang schreibt man groß.
4. Vergleiche den Text mit dem Text im Buch (ab S. 65, Z. 19) und verbessere, falls nötig.
5. Schreibe den Text mit den richtigen Satzzeichen ab.

jemand rennt voll in mich hinein das tut echt weh au spinnst du schreie ich ich drehe mich um und mich haut es fast aus den Puschen Valentin Krell steht hinter mir oh echt tut mir leid stammelt er total verwirrt er mustert mich von oben bis unten und ich sehe absolutes Staunen in seinem Blick oh wir kennen uns doch oder du siehst irgendwie voll gut aus stammelt er oh er kennt mich das ist ja mal was Neues ich bin richtig gerührt und für einen Moment denke ich vielleicht ist dieser Tobias ja in Wirklichkeit Valentin Krell

6. Was vermutest du? Handelt es sich bei Valentin Krell um Tobias95?

☐ Ja, das glaube ich, denn ....................

☐ Nein, das glaube ich nicht, denn ....................

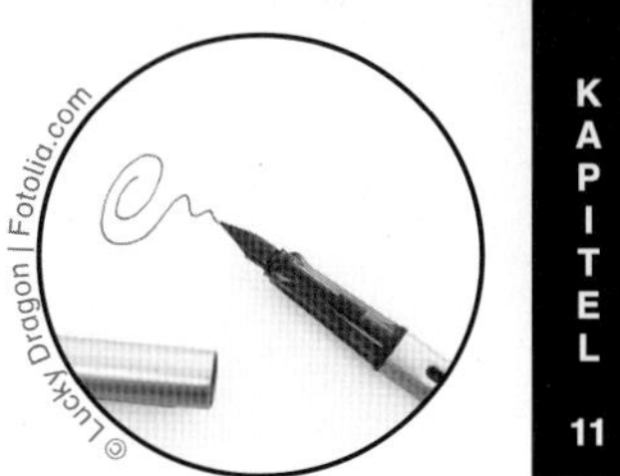


KAPITEL 11

# Das Bauchgefühl – eine gute Warnsirene

Menschen haben oft ein gutes Warnsystem in bedrohlichen Situationen, das man „Bauchgefühl" nennt. Sie spüren dann, dass etwas nicht in Ordnung ist. Auch bei Madita gehen die Warnsirenen an. Einiges an der Geschichte, die der Vater von Tobias95 erzählt, hört sich seltsam an. Trotzdem findet Madita immer wieder einen Grund, um sich zu beruhigen.

**1. Lies den Text auf S. 69 Zeile 17 bis S. 71 Zeile 20.**

**2. Suche dir einen Partner. Nehmt euch ein leeres Blatt und teilt es in zwei Hälften. Der eine notiert, was jeweils an der Situation seltsam klingt, der andere notiert, warum Madita trotzdem über ihre Gefühle hinwegsieht und wie der Vater von Tobias95 sie immer wieder beruhigt.**

**3. Diskutiert eure Ergebnisse in der Klasse.**

**4. Hast du auch schon einmal in einer Situation ein schlechtes Bauchgefühl gehabt und bist trotzdem in eine gefährliche Situation geraten? Oder hat dein Bauchgefühl dafür gesorgt, dass du dich aus der Situation zurückgezogen hast? Schreibe auf.**

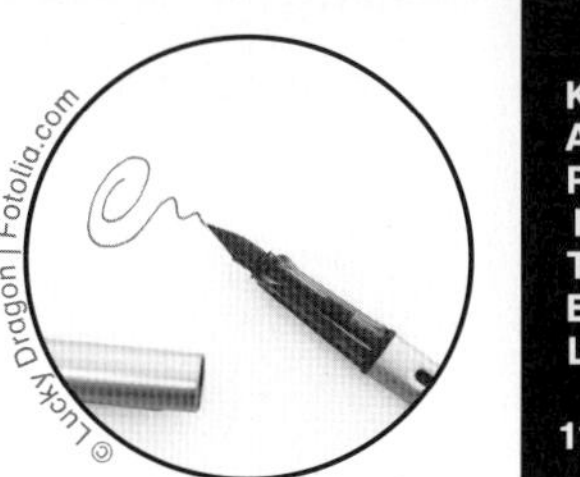


KAPITEL 11

# Madita erkennt die Gefahr

1. **Lies die Seiten 71–74 noch einmal.**
2. **Plötzlich hat sich einiges so verändert, dass Madita die Gefahr klar erkennt. Was ist passiert? Bildet eine Redekette.**

## Eine Redekette

1. Ein Schüler beginnt mit der Beantwortung der Frage, dann gibt er die Redekette weiter, indem er einen anderen Schüler drannimmt.
2. Diese Redekette darf nicht unterbrochen werden.
3. Es dürfen keine Fragen gestellt werden. So entsteht eine dichte Zusammenfassung des Geschehens.

3. **Der Unbekannte reicht Madita einen Drink. Dann ist das Kapitel 11 zu Ende. Überlege dir nun, wie die Geschichte weitergehen kann. Ist der Mann nett zu ihr? Wenn nicht, kann Madita entkommen? Schreibe die Geschichte weiter und trage sie in der Klasse vor.**

............................................................

............................................................

............................................................

............................................................

............................................................

............................................................

............................................................

............................................................

............................................................

............................................................

............................................................

............................................................

............................................................

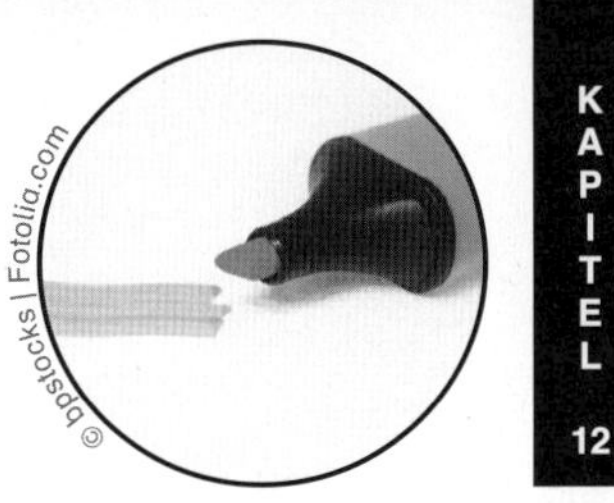


KAPITEL 12

# Das Zimmer

1. **Lies den Anfang des 12. Kapitels auf S. 75 noch einmal.**

2. **Madita verschafft sich einen Überblick über ihre direkte Umgebung. Beschreibe, wie das Zimmer aussieht.**

.......................................................................................................

.......................................................................................................

.......................................................................................................

.......................................................................................................

.......................................................................................................

.......................................................................................................

3. **Überlege, ob es möglich ist, zu fliehen. Schreibe auf.**

   Flucht aus dem Fenster?

   .......................................................................................................

   Flucht aus der Tür?

   .......................................................................................................

   Mit dem Handy Hilfe rufen?

   .......................................................................................................

4. **Was würdest du tun, wenn du an Maditas Stelle wärst? Diskutiert in der Klasse.**

© Verlag an der Ruhr | Autorin: Annette Weber | ISBN 978-3-8346-3923-3 | www.verlagruhr.de

KAPITEL 12

# Der Kampf um das Handy – ein Standbild

ab S. 75, Z. 24

*Ich spüre das Handy in meiner Tasche. Vielleicht schaffe ich es und kann es herausziehen. Wie schnell habe ich wohl die Kontaktliste geöffnet?*
*Aber vor allem, welche Alternative habe ich? Mein Handy ist meine einzige Verbindung zur Außenwelt.*

**1. Lies das 12. Kapitel noch einmal.**

**2. Findet euch in 3er-Gruppen zusammen.**
**Zwei Schüler spielen Madita und den unbekannten Mann, der dritte Schüler ist Regisseur. Spielt die Szene für euch. Der Regisseur sucht dann eine Situation heraus, die in einem Standbild eingefroren wird.**
**Tipp: Eventuell habt ihr Requisiten, wie eine Flasche oder eine Strickmütze in der Klasse.**

## Standbild

1. Entscheidet, wer welche Person darstellt.
2. Macht euch zunächst in der Gruppe Notizen zu den einzelnen Personen (Charaktereigenschaften, Art, Auftreten).
3. Überlegt, wie ihr die Eigenarten im Standbild ausdrücken könnt (Körperhaltung, Mimik).
4. Überlegt dann, wie die Personen im Standbild angeordnet sein sollen, z. B.:
   - Freunde stehen eng beieinander.
   - Gegner stehen weit entfernt voneinander.
   - Außenseiter stehen abseits der Gruppe.

**3. Stellt dieses Standbild in der Klasse vor.**

**4. Sprecht dann in der Klasse darüber, wie das Kapitel endet und wie ihr reagiert hättet, wenn ihr an Maditas Stelle gewesen wärt.**

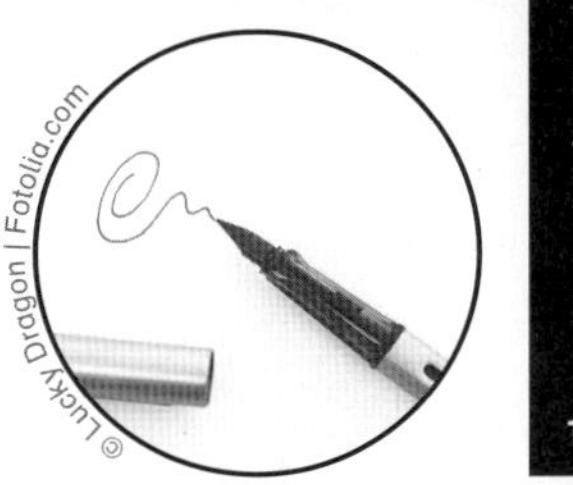



# Der Unbekannte

1. Schreibe alle Informationen heraus, die du über den unbekannten Mann finden kannst.

© by Nomad Soul – Fotolia.com

2. Überlege nun, wer er sein könnte, überlege dir eine Biografie und erzähle aus seinem Leben. Wie ist es dazu gekommen, dass er so etwas tut? Beantworte in der Biografie folgende Fragen:
Wer ist dieser Mann?
Wie heißt er?
Wie ist sein Leben verlaufen?
Wie ist sein Verhältnis zu Mädchen/Frauen?
Welche kriminellen Sachen hat er bereits gemacht?

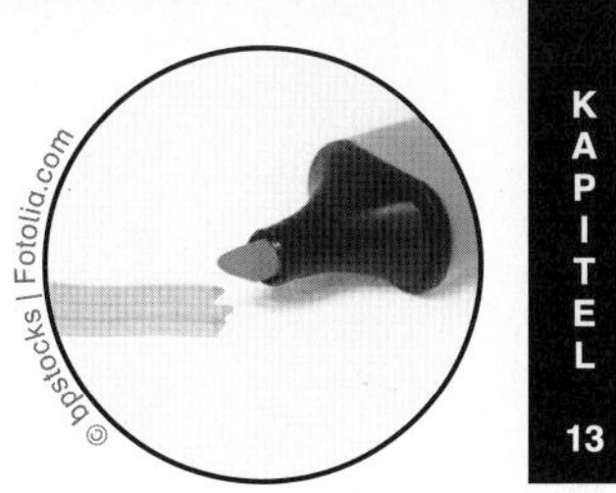




# Die richtige Reihenfolge

1. **Lies die Seiten 82-84.**

2. **Was ist passiert? Bringe die Sätze in die richtige Reihenfolge, indem du sie von 1-12 nummerierst.**

☐ Auf dem Flur bleibt Madita stehen und denkt noch einmal nach.

☐ So schnell sie kann, läuft sie aus dem Zimmer.

☐ Sie rennt aus dem Haus, dann auf die Straße.

☐ Das Handy fällt ihr ein.

☐ Es ist ein wichtiges Beweisstück.

☐ Darum will sie es unbedingt wiederhaben.

☐ Madita tritt auf seine Hand.

☐ Sie ist sofort am Apparat.

☐ Da lässt er sie los.

☐ Sie beschließt, in den Raum zurückzugehen.

☐ Der unbekannte Mann liegt vor dem Sofa.

☐ Zuletzt ruft sie ihre Schwester Nora an.

☐ Als Madita nach dem Handy greifen will, packt er ihren Fußknöchel.

© Verlag an der Ruhr | Autorin: Annette Weber | ISBN 978-3-8346-3923-3 | www.verlagruhr.de

KAPITEL 13

# Spannung

Spannung in einer Geschichte wird erzeugt, indem man das schreibt, was tatsächlich passiert, und das wiedergibt, was der Protagonist denkt oder fühlt.

**1. Schaue dir diesen Textausschnitt an. Markiere die Stellen rot, in denen etwas geschieht, und die Stellen grün, in denen Madita etwas denkt oder fühlt.**

Er liegt immer noch da vor dem Sofa. Lag er vorhin auch so da? Oder hat er sich inzwischen bewegt? Ich erinnere mich nicht mehr. Leise schleiche ich in den Raum zurück, bewege mich langsam zum Fensterbrett. Gerade will ich nach dem Handy greifen, da legt sich eine Hand wie ein Schraubstock um meinen Fußknöchel. Er lebt! Ich zucke zusammen. Ein Schrei kommt aus meiner Kehle. Bin ich das, die so geschrien hat? Ich erkenne meine Stimme nicht. Seine Hand verkrampft sich um meinen Knöchel. Er versucht, sich an mir hochzuziehen. Seine Finger krallen sich an mir fest. Sie sind hart. Er ekelt mich an! Ich habe Angst, bin in totaler Panik. Nie wieder will ich ihn sehen müssen. Nun trete ich mit voller Kraft auf seine Hand, noch mal und noch mal. Da lässt er endlich los. Ich reiße mein Handy an mich und seins dazu. Dann renne ich aus dem Zimmer. Hinter mir höre ich, wie er über den Boden kratzt. Er schreit etwas. Es hört sich schrecklich an. Ich verlasse das Haus so schnell ich kann.

**2. Schreibe die Geschichte um. Stelle dir vor, der unbekannte Mann wartet hinter der Tür auf Madita. Erzähle die Szene so spannend wie möglich.**

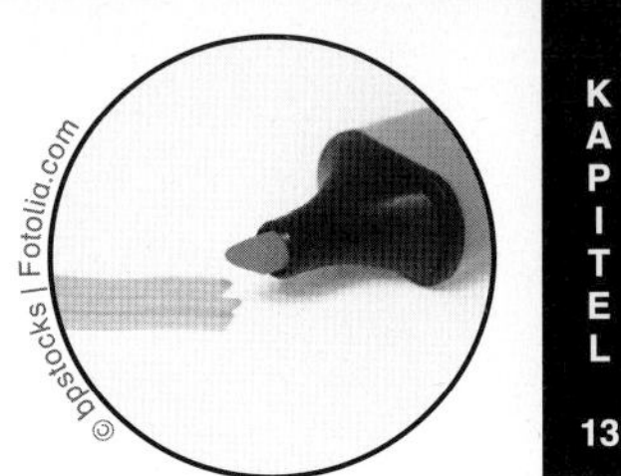




# Was ist passiert?

**Setze dich mit einem Partner zusammen. Lest die Erzählschnipsel gemeinsam. Einer beginnt und schreibt in zwei Sätzen auf, was direkt vorher geschehen ist, der anderen ergänzt einen weiteren Satz, was direkt nach dem Erzählschnipsel geschehen ist.**
**Beim folgenden Erzählschnipsel ist der Partner zuerst dran.**

S. 83 Z. 11

**1.** […] bewege mich langsam zum Fensterbrett […]

..............................................................................................

..............................................................................................

..............................................................................................

S. 84 Z. 15

**2.** […] weiß überhaupt nicht, wo ich bin […]

..............................................................................................

..............................................................................................

..............................................................................................

S. 85 Z. 18

**3.** […] sagt Nora nun. „Bleib da, wo du bist […]

..............................................................................................

..............................................................................................

..............................................................................................

S. 87 Z. 20

**4.** Entsetzen steht in Noras Gesicht geschrieben, aber […]

..............................................................................................

..............................................................................................

..............................................................................................



© Verlag an der Ruhr | Autorin: Annette Weber | ISBN 978-3-8346-3923-3 | www.verlagruhr.de

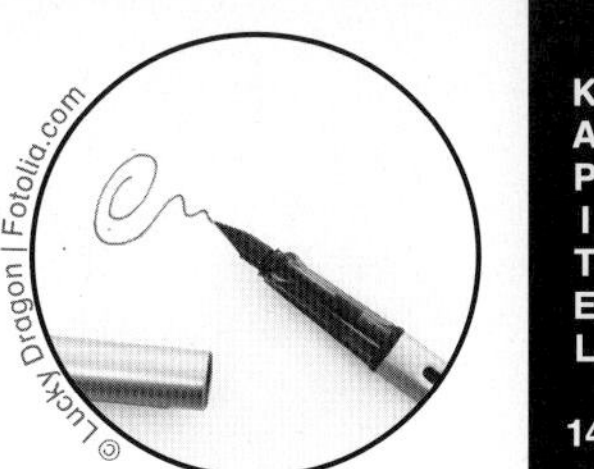


KAPITEL 14

# Das Verhör

S. 90 Z. 21f

*Auf der Polizeiwache wird es plötzlich laut. Jemand schreit. Ich höre eine Männerstimme, die sagt: „Um Ihre Platzwunde kümmern wir uns auch noch. Aber erst mal wollen wir Ihre Aussage hören." „Ich habe doch nichts gemacht", schreit eine Männerstimme laut. „Die lügt doch, wenn sie nur den Mund aufmacht."*

**Bildet 4er-Gruppen. Legt die Rollen fest: Rainer wird verhört. Drei Polizisten wechseln sich dabei mit der Befragung ab. Schreibt einen Dialog. Stellt dabei auch eine Lösung in eurem Verhör dar, z. B. dass Rainer gesteht; dass er lügt, aber dem Druck des Verhörs nicht standhält, oder dass er lügt, aber durch die Indizien überführt wird.**
**Präsentiert das Verhör in eurer Klasse.**

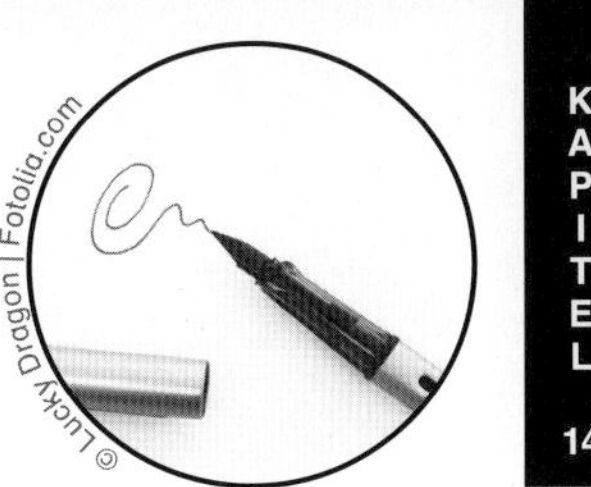


KAPITEL 14

# Gefühle

**Fühle dich in die Situation ein. Wer fühlt sich wie?**

**a)** Nora drängelt sich an einer dicken Frau vorbei.

Sie ist ..........

**b)** Nora schaut sich das Video immer wieder an.

Sie ist ..........

**c)** Madita zieht sich den Pullover über das Gesicht.

Sie ist ..........

**d)** Der Polizist redet mit Madita.

Er ist ..........

**e)** Die Polizisten rennen los.

Sie sind ..........

**f)** Maditas Vater schwört, den Täter umzubringen.

Er ist ..........

**g)** Der Täter schreit auf der Polizeiwache herum.

Er ist ..........

**h)** Madita kuschelt sich mit einer Wärmflasche zwischen ihre Eltern.

Sie ist ..........

**i)** Nora bleibt an dem Abend zu Hause.

Sie ist ..........

ängstlich | neugierig | erschrocken

mitleidig | niedergeschlagen | wichtig

aufgeregt | hasserfüllt | scheinheilig


© Verlag an der Ruhr | Autorin: Annette Weber | ISBN 978-3-8346-3923-3 | www.verlagruhr.de

# Selbstjustiz

Madita hat dem unbekannten Mann eine Flasche auf den Kopf geschlagen. In ihrem Fall war das Notwehr, denn sie war selbst in großer Gefahr. Anders ist die Situation aber, als Maditas Vater überlegt, dem Unbekannten Gewalt anzutun. In so einem Moment spricht das Gericht von „Selbstjustiz" und das ist strafbar.
Die Definition lautet: Wenn man Vergeltung für ein Unrecht übt, das man selbst erlitten hat, bezeichnet man das als Selbstjustiz.

**1. Erkläre die Wörter „Vergeltung" und „erlittenes Unrecht" mit eigenen Worten.**

..................................................

..................................................

**2. Warum wird das Urteil den Gerichten überlassen? Warum ist Selbstjustiz nicht erlaubt? Schreibe deine Meinung auf. Diskutiert dann in der Klasse.**

..................................................

..................................................

..................................................

**3. Wie beurteilst du die folgenden Fälle? Wo kannst du die Selbstjustiz nachvollziehen, wo nicht? Nimm eine Position ein. Sprecht dann in der Klasse über eure verschiedenen Ansichten.**

**a)** In einer Stadt wird ein kleines Mädchen überfallen. Eine Gruppe von Jugendlichen hält einen jungen Mann fest, den sie für den Täter halten, und rufen bei Facebook dazu auf, dem Täter Gewalt anzutun.

**b)** Ein Mann findet seine Gartenlaube zerstört vor und verdächtigt seinen Nachbarn. Weil das Gericht ihn nicht verurteilt, zerstört er das Auto seines Nachbarn.

**c)** In einem Ort soll eine Turnhalle zu einer Asylunterkunft umgewandelt werden. Die Einwohner legen einen Brand, um dagegen zu protestieren.

**d)** Eine Frau wird ermordet, ihr Mann bringt den mutmaßlichen Täter um und bekommt dafür acht Jahre Gefängnis.

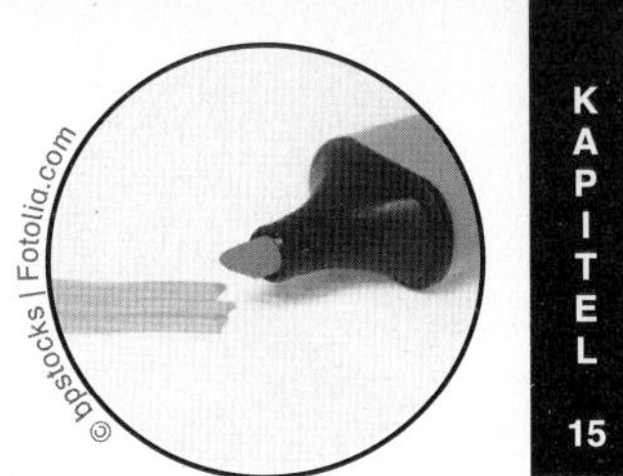




# Stimmt's?

**Ist die Antwort richtig oder falsch? Kreuze an.**

| | richtig | falsch |
|---|---|---|
| **1.** Madita geht ins Dirty-Dancing-Musical. | | |
| **2.** Die Volleyballer spielen in der Kreisliga. | | |
| **3.** Valentin heißt mit Nachnamen Kehl. | | |
| **4.** Der Name steht auf Maditas Federmäppchen. | | |
| **5.** Die beiden gehen zum Fanblock C. | | |
| **6.** Wenn Madita an das Missgeschick denkt, kriegt sie rote Wangen. | | |
| **7.** Neben Valentins Namen hat Madita Herzchen gemalt. | | |
| **8.** Die beiden essen Gummibärchen. | | |
| **9.** Valentin küsst Madita auf die Wange. | | |
| **10.** Die Mannschaft gewinnt 31:28. | | |

KAPITEL 15

# Traumatische Erlebnisse

**1. Nach einem schrecklichen Erlebnis kann man nicht einfach zum Alltag zurückkehren. Was bleibt bei Madita als Trauma zurück? Kreuze an.**

- ☐ Sie kann nicht gut allein sein.
- ☐ Sie muss ständig weinen.
- ☐ Sie kann nicht mehr zur Schule gehen.
- ☐ Sie bleibt sehr schreckhaft.

**2. Madita beschließt, sich abzulenken, um nicht mehr an dieses schlimme Erlebnis denken zu müssen. Welche Möglichkeiten gibt es noch?**

..............................................................................................................

..............................................................................................................

..............................................................................................................

**3. Was würdest du tun, wenn du an Maditas Stelle wärst?**

..............................................................................................................

..............................................................................................................

..............................................................................................................

**4. Sammelt eure verschiedenen Alternativen an der Tafel. Sprecht dann über eure Entscheidungen.**

© Verlag an der Ruhr | Autorin: Annette Weber | ISBN 978-3-8346-3923-3 | www.verlagruhr.de

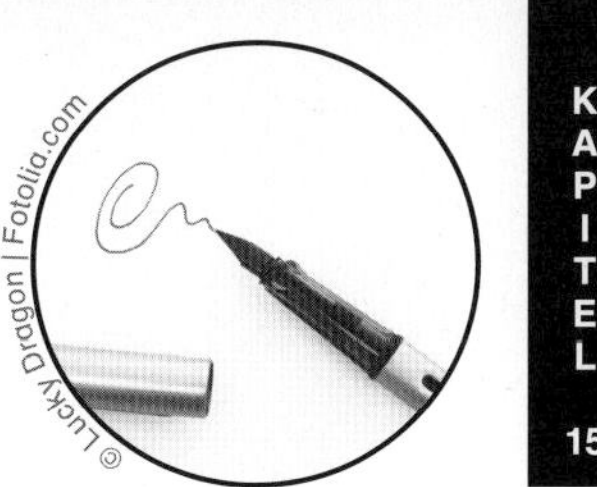


KAPITEL 15

# Happy End mit Valentin

1. Schreibe ein richtig romantisches Happy End zwischen Madita und Valentin. Stelle dir folgende Situation vor: Nach dem Volleyballspiel bringt Valentin Madita nach Hause und verabredet sich mit ihr für den kommenden Tag. Wo treffen sich die beiden? Worüber reden sie? Was machen sie?

2. Suche dir einen Partner. Lest euch gegenseitig eure Geschichten vor.

3. Präsentiere deine Geschichte in deiner Klasse. Vielleicht stellt ihr eure Geschichten auch zu einem Buch zusammen.

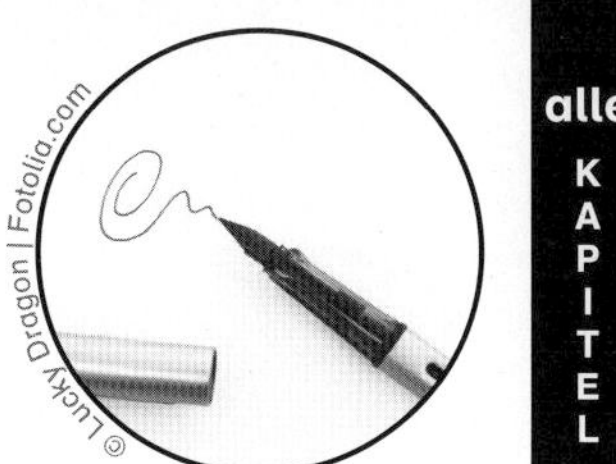


alle KAPITEL

# Kapitelüberschriften

**In diesem Roman gibt es keine Kapitelüberschriften. Die Kapitel sind einfach nur nummeriert. Gib jedem Kapitel eine Überschrift. Bedenke dabei, dass eine Überschrift neugierig machen sollte.**

| Kapitel | Überschrift |
|---|---|
| 1. | |
| 2. | |
| 3. | |
| 4. | |
| 5. | |
| 6. | |
| 7. | |
| 8. | |
| 9. | |
| 10. | |
| 11. | |
| 12. | |
| 13. | |
| 14. | |
| 15. | |

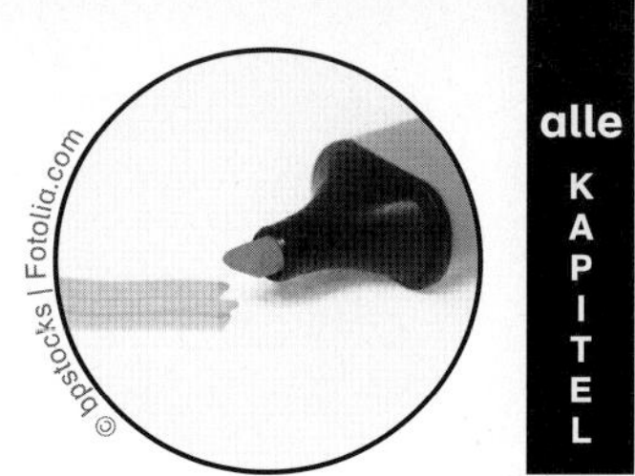


alle KAPITEL

# Kannst du dich erinnern?

**Hast du den Roman genau gelesen? Kreuze die richtigen Antworten an. Tausche dann das Blatt mit deinem Partner und vergleiche. Gib dir für jede richtige Antwort einen Punkt.**

**1.** Wie heißt Maditas Freundin?
- ☐ Carla
- ☐ Clara
- ☐ Cora

**2.** Aus welcher Sendung ist Abby Cadabby?
- ☐ Sendung mit der Maus
- ☐ Pumuckel
- ☐ Sesamstraße

**3.** Wo findet Nora ihre Freunde?
- ☐ Tinder
- ☐ Finja
- ☐ Parship

**4.** Welche Sportart liebt Madita?
- ☐ Fußball
- ☐ Basketball
- ☐ Volleyball

**5.** Wie nennt sich Madita im Netz?
- ☐ Princess Madela
- ☐ Princess Madeira
- ☐ Princess Madeleine

**6.** Wo steht das Shoppingcenter?
- ☐ in Essen-Altenessen
- ☐ in Essen-Altenberg
- ☐ in Essen-Altenhausen

**7.** Auf welche Schule geht Madita?
- ☐ GGS Nord
- ☐ GGS Altenessen
- ☐ GGS Holsterhausen

**8.** Was für einen Hund hat Tobias95?
- ☐ Sheperd
- ☐ Schäferhund
- ☐ Labrador

**9.** Wo hat der Unbekannte sein Auto geparkt?
- ☐ auf dem Parkplatz am Dom
- ☐ am Einkaufszentrum
- ☐ in der Tiefgarage

**10.** Was benutzt Madita als Beweis?
- ☐ einen Fingerabdruck
- ☐ das Handy
- ☐ die Strickmütze

**Punkte:** ______________________________

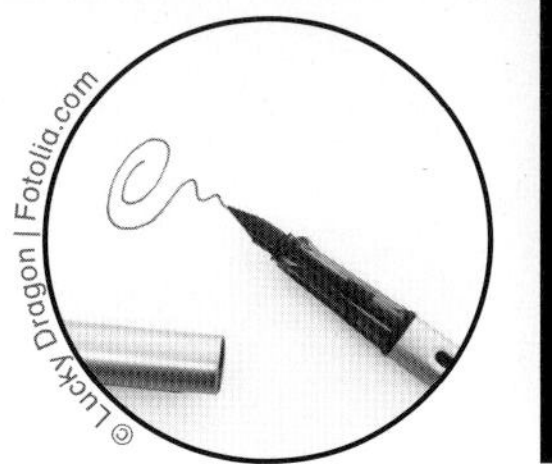


alle KAPITEL

# Das Interview

Die Zeitung „Psychologie heute" will eine Reportage über Menschen schreiben, die Opfer von sexuellen Übergriffen wurden. Zu dem Zweck bitten sie Madita um ein Interview. Madita ist damit einverstanden.
Die Sache mit Tobias95 liegt nun zwei Jahre zurück.

**1. Lies die Fragen, die Madita gestellt werden, und denke dir dazu Antworten aus.**

**a)** Vor zwei Jahren wurden Sie von einem unbekannten Mann in eine verlassene Wohnung gebracht und beinahe vergewaltigt. Können Sie noch einmal erzählen, wie es zu diesem Übergriff kam?

..............................................................................................................

..............................................................................................................

**b)** Sie konnten sich dann aus eigener Kraft befreien. Wie haben Sie das geschafft?

..............................................................................................................

..............................................................................................................

**c)** Was ist mit dem Täter geschehen?

..............................................................................................................

..............................................................................................................

**d)** Wie haben Sie es geschafft, das Erlebnis zu verarbeiten?

..............................................................................................................

..............................................................................................................

**e)** Das Ganze ist jetzt zwei Jahre her. Sind irgendwelche psychischen Belastungen für Sie zurückgeblieben?

..............................................................................................................

..............................................................................................................

**f)** Gibt es irgendwelche Warnungen, die Sie anderen Menschen weitergeben wollen?

..............................................................................................................

..............................................................................................................



© Verlag an der Ruhr | Autorin: Annette Weber | ISBN 978-3-8346-3923-3 | www.verlagruhr.de

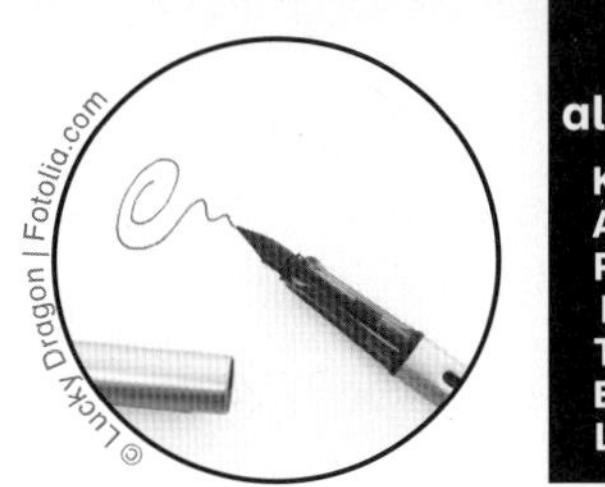


alle KAPITEL

# Das Cover

1. Bevor du das Buch gelesen hast, hast du dich schon einmal mit dem Cover des Buches beschäftigt. Schaue dir das Coverbild erneut an. Passt das Bild zum Roman? Wie beurteilst du das Cover? Gefällt es dir? Macht es deiner Meinung nach einen Leser neugierig? Schreibe deine Meinung auf und begründe sie.

.............................................................................................................

.............................................................................................................

.............................................................................................................

2. Entwirf ein eigenes Cover. Erstelle ein Bild und wähle eine Schrift. Gestalte es farbig.

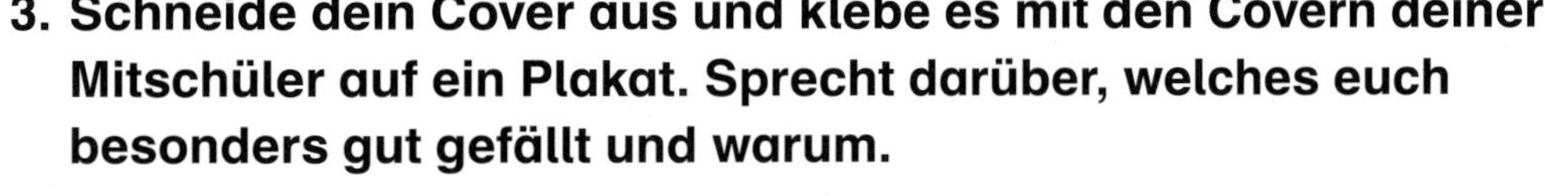

3. Schneide dein Cover aus und klebe es mit den Covern deiner Mitschüler auf ein Plakat. Sprecht darüber, welches euch besonders gut gefällt und warum.

alle KAPITEL

# Einen Brief an die Autorin schreiben

Ein Buch zu schreiben, ist eine einsame Angelegenheit. Man sucht sich vielleicht Hilfe und lässt sich beraten. Aber die meiste Arbeit leistet man doch allein am Schreibtisch. Deshalb sind die meisten Autoren sehr froh, wenn sie eine ehrliche Rückmeldung zu ihrem Buch bekommen.

**Schreibe einen solchen Brief an die Autorin. Dabei kannst du Fragen stellen oder ihr Anregungen für ihren nächsten Roman geben.**

**Schildere im Brief deine Eindrücke zum Roman.**

- Wie hat dir das Lesen des Romans gefallen?
- War das Thema „Gefahr durch Anonymität im Internet" grundsätzlich interessant?
- Konntest du mit den Figuren mitfühlen?
- Welche Aspekte haben dir besonders gut gefallen?
- Gab es Dinge, die dir nicht gefallen haben?
- Worüber würdest du gerne noch mal einen Roman lesen?

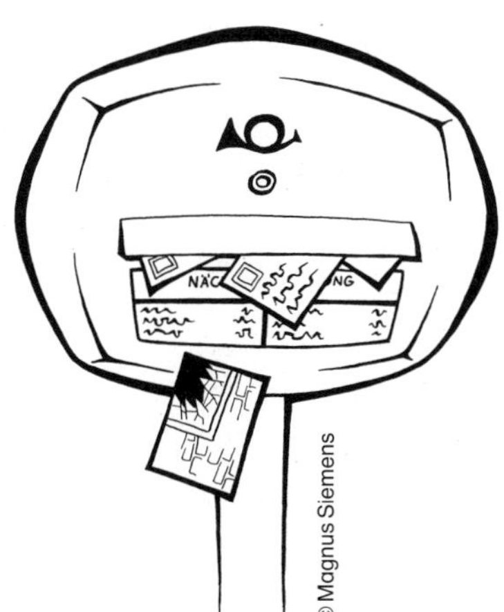


*Die Autorin freut sich über Antworten unter:*

**Verlag an der Ruhr**
**z. Hd. Annette Weber**
**Postfach 102251**
**45422 Mülheim an der Ruhr**

## Einen Brief schreiben

In einem Brief dürfen folgende Punkte nicht fehlen:

- Datum
- Anrede: „Liebe(r)" oder „Sehr geehrte(r)"
- die Anredepronomen „Sie" und „Ihr" werden großgeschrieben
- Grußformel am Ende, z. B. „Viele Grüße" oder „Mit freundlichen Grüßen"
- Unterschrift

**TIPP: Wenn ihr Briefe in der Klasse erstellt, schickt sie in einem gemeinsamen Briefumschlag an die Autorin.**



© Verlag an der Ruhr | Autorin: Annette Weber | ISBN 978-3-8346-3923-3 | www.verlagruhr.de

ANHANG

# Lösungen

**Lösungen für ausgewählte Aufgaben**
Nicht für alle Aufgaben können Lösungen angegeben werden. Für kreative Aufgaben kann es z. B. keine Standardlösung geben. Für die übrigen gibt es hier eine Lösung.

## Seite 6 Kapitel 1 Das Zeilenlineal

**3. a)** Das ist wie ein Schlag in die Magengrube.
Seite 6, Zeile 8

**b)** … habe ein Gesicht wie Abby Cadabby aus der Sesamstraße …
Seite 8, Zeile 14-16

**c)** Herr Rausch ist unser Sportlehrer.
Seite 8, Zeile 3

**d)** „Justin Bieber, diese behaarte Bifi!"
Seite 7, Zeile 8

**e)** Hahaha, was für ein wahnsinniger Witz.
Seite 9, Zeile 10

## Seite 7 Kapitel 1 Richtig oder falsch?

**2.** Falsch sind folgende Aussagen:
**a)** falsch: halblange Haare
**d)** falsch: nicht Michael, sondern Emre
**e)** falsch: an Justin Bieber
**g)** falsch: eine Vier

## Seite 9 Kapitel 2 Noras Beauty-Channel

**1.** Als Erstes nehme ich meine Foundation. → Zuerst benutze ich eine Grundierung.

Sie ist meine absolute Base. → Die ist die Grundlage für jedes Make-up.

Das ist ein Must-have. → Ohne das geht gar nichts.

Das ist great, das ist einfach outstanding. → Das ist großartig – hervorragend sogar.

# Lösungen

Seite 12 **Kapitel 3** **Welche Antwort stimmt?**

**1.** 1 – quietschgelb
2 – 12 km
3 – blau
4 – blau
5 – Sportwagen
6 – James Franco
7 – Ballerinas

**2. a)** kleine Tour
**b)** James Franco
**c)** Schon lange nicht mehr.

Seite 15 **Kapitel 4** **Kennst du den Text?**

| | | | | | | | | | | | | |
|---|---|---|---|---|---|---|---|---|---|---|---|---|
| **1.** | | | F | L | U | **M** | M | I | | | | |
| **2.** | | | R | O | S | **A** | | | | | | |
| **3.** | | | | L | A | **U** | F | E | N | | | |
| **4.** | | | | | | **S** | H | O | R | T | S | |
| **5.** | | V | O | L | L | **E** | Y | B | A | L | L | |
| **6.** | | | E | W | I | **G** | K | E | I | T | | |
| **7.** | | | | K | L | **E** | I | N | E | | | |
| **8.** | | R | E | A | L | **S** | C | H | U | L | E | |
| **9.** | T | R | E | K | K | **I** | N | G | B | I | K | E |
| **10.** | | | | | | **C** | L | A | R | A | | |
| **11.** | | | | R | U | **H** | E | | | | | |
| **12.** | | | F | O | O | **T** | B | A | L | L | | |

**1)** Flummi
**2)** Rosa
**3)** laufen
**4)** Shorts
**5)** Volleyball
**6)** Ewigkeit
**7)** Kleine
**8)** Realschule
**9)** Trekkingbike
**10)** Clara
**11)** Ruhe
**12)** Football

**Lösungswort:** Mausegesicht

© sk design | Fotolia.com



# Lösungen

Seite 16 **Kapitel 4** **Eine Situation – verschiedene Sichtweisen**

1. Ich kann mich nie wieder in die Schule trauen. (Madita)
   Stundenlang haben wir noch Tränen darüber gelacht. (Clara)
   Madita hat mir richtig leid getan. (Clara)
   Ich verstehe nicht, warum die Kleine mir ständig in die Quere kommt. (Valentin)
   Heute fühle ich mich echt toll neben den Kleinen aus der 7. (Valentin)
   Mein Gesicht glüht wie Feuer. (Madita)
   Na toll, jetzt werde ich auch noch blöde angemacht. (Valentin)
   Emre hatte sofort wieder einen lustigen Spruch drauf. War ja auch zum Brüllen. (Clara)

Seite 18 **Kapitel 5** **Was stimmt?**

**a)** So ~~traurig~~/fertig war ich schon seit zehn Jahren nicht mehr.
**b)** Und nun folgen/~~kommen~~ zwei Emojis, einer mit Herzchen in den Augen und einer mit einem knutschenden Herzchen.
**c)** Es ist nicht so profimäßig wie bei Nora, aber ganz so schlecht/~~übel~~ sehe ich echt nicht aus.
**d)** Ich greife zu der „Base", wie Nora es genannt hat, und schmiere mir eine braune ~~Paste~~/Grundierung in mein Gesicht.
**e)** So, und wenn ich Valentin Krell nicht kriegen kann, dann suche ich mir einfach einen ~~süßen~~/schicken Typen mit Sportwagen.
**f)** Sie ist ja immerhin schon ziemlich alt, und sie versteht nichts vom Schminken und von Tinder/~~YouTube~~ und so.
**g)** Und ehrlich, auch wenn Mama nicht so wirklich den Durchblick in Sachen Mode hat, reden/~~quatschen~~ kann ich immer gut mit ihr.
**h)** Schnell schlüpfe/~~steige~~ ich aus den Leopardenschuhen und versuche, sie unter das Bett zu schieben.

Seite 19 **Kapitel 5** **Veränderungen**

1. Sie wechselt die Sportkleidung.
   Sie schminkt sich.
   Sie zieht Noras Schuhe an.
   Sie lädt sich die Tinder-App runter.

2. Wie siehst du denn aus?
   Ich hätte dich beinahe nicht wiedererkannt.
   Du siehst aus wie eine Minderjährige, die sich im Rotlichtmilieu rumtreibt.

ANHANG

# Lösungen

Seite 22 **Kapitel 6** **Ein bisschen faken**

1. **a)** Das ist geschwindelt/gelogen.
   **b)** Das ist eine Lüge.
   **c)** Das ist ein falscher Name.

Seite 24 **Kapitel 7** **Begründungen finden**

2. **a)** Für das Foto auf der Fensterbank bekommt Madita besonders viele Herzchen, weil es so romantisch ist.
   **b)** Maditas Eltern kommen nicht vor dem Abendessen nach Hause, weil sie lange arbeiten müssen.
   **c)** Nora zieht mit einem Sportwagentypen ab, weil sie ein Tinder-Treffen hat.
   **d)** Madita zieht die hochhackigen Stiefletten an, weil die so krass aussehen.
   **e)** Madita antwortet PeterPan nicht, weil sie ihr Alter nicht verraten will.
   **f)** Tobias95 weiß, dass sich Madita im Shoppingcenter befindet, weil Madita das Eiscafé bewertet hat.
   **g)** Madita löscht die Nachricht von Tobias95 nicht, weil sie nicht weiß, wie das geht.
   **h)** Madita findet SteffHei ziemlich dumm, weil er nicht rechtschreiben kann.
3. Er sieht gut aus, er scheint interessiert zu sein, er schickt ihr ein Herzchen.

Seite 25 **Kapitel 7** **Follower**

1. 182 Follower
2. evtl. Hinweis auf Fotos, Name und Hashtag
3. Er ist sehr nett zu ihr und interessiert sich für sie.

Seite 26 **Kapitel 7** **Bewerte das Shoppingcenter!**

1. a, c, d
2. Google hat sie geortet und schickt ihr personenspezifische Werbung.

ANHANG

# Lösungen

Seite 27 **Kapitel 8** **Genau gelesen?**

1. 13-mal
2. in Köln
3. per Whatsapp
4. Arens
5. Tobias Tamm
6. Mathe
7. einen Hund
8. Wein

Seite 28 **Kapitel 8** **Die Identität im Internet**

1. Alle Tipps bei Nein.
2. Nora ist arrogant. Sie befolgt die eigenen Tipps auch nicht.

Seite 29 **Kapitel 8** **Das Vertrauen gewinnen**

1. Folgende Antworten möglich:
   Tobias will mit Madita über WhatsApp kommunizieren.
   Tobias nennt Madita seinen Namen.
   Er erzählt ihr von seinem Hund und seinem schlechten Fach in der Schule.

Seite 30 **Kapitel 8** **Wer sagt was?**

**Madita:**
Bin noch beim Frühstück.
Kennst du nicht.
Wir sind noch nicht so lange zusammen.

**Clara:**
Hast du echt einen Freund?

**Emre:**
Wow, geil.
Ein Date oder was?

**Tobias95:**
Bist du auf dem Weg zur Schule?
Samstag 15 Uhr? Im Eiscafé?

ANHANG

# Lösungen

Seite 31 **Kapitel 9** **Verdächtig oder nicht?**

1. Tobias Tamm
   18 Jahre
   wohnt in Essen
   hat eine kleine Schwester
   geht gerne im Wald spazieren
   geht zum Gymnasium
   ist schlecht in Mathe,
   hat einen Australian Shepherd, der Komet heißt
   hat keine Freundin

2. Eigentlich müsste keine Aussage richtig sein. Ergebnis müsste sein, dass man keiner Aussagen trauen kann.

Seite 33 **Kapitel 10** **Ein sicheres Date**

1. Regel 1: Triff dich mit dem Unbekannten am helllichten Tag.
   Regel 2: Triff dich mit ihm an einem öffentlichen Ort.
   Regel 3: Erzähle jemandem, mit wem du dich triffst.

2. Madita hätte Nora die Handynummer von Tobias95 geben müssen.
   Einer muss wissen, wo du bist, wie lange du dort bist und mit wem du dich triffst.

Seite 34 **Kapitel 10** **Satzzeichen setzen**

2. Jemand rennt voll in mich hinein. Das tut echt weh.
   „Au! Spinnst du?“, schreie ich.
   Ich drehe mich um, und mich haut es fast aus den Puschen.
   Valentin Krell steht hinter mir.
   „Oh, echt, tut mir leid“, stammelt er total verwirrt.
   Er mustert mich von oben bis unten, und ich sehe absolutes Staunen in seinem Blick.
   „Oh. Wir kennen uns doch, oder? Du siehst … irgendwie voll gut aus!“, stammelt er.
   Oh! Er kennt mich. Das ist ja mal was Neues. Ich bin richtig gerührt. Und für einen Moment denke ich: Vielleicht ist dieser Tobias ja in Wirklichkeit Valentin Krell.

ANHANG

# Lösungen

Seite 35 **Kapitel 11** **Das Bauchgefühl – eine gute Warnsirene**

**2.**

| | |
|---|---|
| Madita ist misstrauisch. | Der Mann bietet ihr an, Tobias anzurufen. |
| Der Mann steigt in ein Auto. | Maditas Schwester steigt auch immer in ein Auto. |
| Der Mann fährt auf die Autobahn. | Im Ruhrgebiet ist man immer gleich auf der Autobahn. |
| Madita will, dass er anhält. | Auf der Autobahn kann man nicht anhalten. |
| Madita will telefonieren. | Da sind sie schon angekommen. |
| Das Haus sieht unbewohnt aus. | Der Mann sagt, dass Tobias am Fenster steht. |

Seite 37 **Kapitel 12** **Das Zimmer**

**3.** Flucht aus dem Fenster?
→ Die Wohnung liegt im 1. Stockwerk.
Flucht aus der Tür?
→ Der Typ bewacht Madita.
Mit dem Handy Hilfe rufen?
→ Der Typ nimmt ihr das Handy weg.

Seite 40 **Kapitel 13** **Die richtige Reihenfolge**

**2.**
**1.** Auf dem Flur bleibt Madita stehen und denkt noch einmal nach.
**2.** Das Handy fällt ihr ein.
**3.** Es ist ein wichtiges Beweisstück.
**4.** Darum will sie es unbedingt wiederhaben.
**5.** Sie beschließt, in den Raum zurückzugehen.
**6.** Der unbekannte Mann liegt vor dem Sofa.
**7.** Als Madita nach dem Handy greifen will, packt er ihren Fußknöchel.
**8.** Madita tritt auf seine Hand.
**9.** Da lässt er sie los.
**10.** So schnell sie kann, läuft sie aus dem Zimmer.
**11.** Sie rennt aus dem Haus, dann auf die Straße.
**12.** Zuletzt ruft sie ihre Schwester Nora an.
**13.** Sie ist sofort am Apparat.

ANHANG

# Lösungen

Seite 41 **Kapitel 13** **Spannung**

1. Er liegt immer noch da vor dem Sofa. Lag er vorhin auch so da? Oder hat er sich inzwischen bewegt? Ich erinnere mich nicht mehr.
   Leise schleiche ich in den Raum zurück, bewege mich langsam zum Fensterbrett. Gerade will ich nach dem Handy greifen, da legt sich eine Hand wie ein Schraubstock um meinen Fußknöchel. Er lebt!
   Ich zucke zusammen. Ein Schrei kommt aus meiner Kehle. Bin ich das, die so geschrien hat? Ich erkenne meine Stimme nicht.
   Seine Hand verkrampft sich um meinen Knöchel. Er versucht, sich an mir hochzuziehen. Seine Finger krallen sich an mir fest. Sie sind hart.
   Er ekelt mich an! Ich habe Angst, bin in totaler Panik. Nie wieder will ich ihn sehen müssen. Nun trete ich mit voller Kraft auf seine Hand, noch mal und noch mal.
   Da lässt er endlich los.
   Ich reiße mein Handy an mich und seins dazu. Dann renne ich aus dem Zimmer.
   Hinter mir höre ich, wie er über den Boden kratzt. Er schreit etwas. Es hört sich schrecklich an.
   Ich verlasse das Haus so schnell ich kann.

Seite 42 **Kapitel 13** **Was ist passiert?**

1. die Szene, in der sie zurück in den Raum geht, um die Handys zu holen, aber sich die Hand des Unbekannten um ihren Fußknöchel legt und Madita erneut fliehen muss
2. die Szene, in der sie aus dem Haus flieht, auf die Straße läuft und ihre Schwester anruft
3. die Szene, in der sie von ihrer Schwester Anweisungen bekommt, ihren Standort herauszufinden, und die Schwester und ihr Freund Madita suchen
4. die Szene, in der sie etwas über den Unbekannten herausfinden und sich das Video gemeinsam anschauen

Seite 44 **Kapitel 14** **Gefühle**

**a)** neugierig
**b)** mitleidig
**c)** ängstlich
**d)** scheinheilig
**e)** wichtig
**f)** aufgeregt
**g)** hasserfüllt
**h)** niedergeschlagen
**i)** erschrocken

Seite 45 **Kapitel 14** **Selbstjustiz**

1. Vergeltung = Rache
   erlittenes Unrecht = ein Schaden oder eine Verletzung, die einem entstanden ist, ohne dass man daran Schuld hatte

# Lösungen

Seite 46 **Kapitel 15** **Stimmt's?**

**1.**

| | richtig | falsch |
|---|---|---|
| **1.** Madita geht ins Dirty-Dancing-Musical. | x | |
| **2.** Die Volleyballer spielen in der Kreisliga. | | x |
| **3.** Valentin heißt mit Nachnamen Kehl. | | x |
| **4.** Der Name steht auf Maditas Federmäppchen. | x | |
| **5.** Die beiden gehen zum Fanblock C. | | x |
| **6.** Wenn Madita an das Missgeschick denkt, kriegt sie rote Wangen. | | x |
| **7.** Neben Valentins Namen hat Madita Herzchen gemalt. | x | |
| **8.** Die beiden essen Gummibärchen. | x | |
| **9.** Valentin küsst Madita auf die Wange. | | x |
| **10.** Die Mannschaft gewinnt 31:28. | | x |

Seite 47 **Kapitel 15** **Traumatische Erlebnisse**

1. Sie kann nicht gut allein sein.
   Sie bleibt sehr schreckhaft.
2. Beispiele wären: Selbsthilfegruppe, Therapie, Gespräche mit Freunden, Yoga, Selbstverteidigungskurs

Seite 50 **alle Kapitel** **Kannst du dich erinnern?**

1. Clara
2. Sesamstraße
3. Tinder
4. Volleyball
5. Princess Madeleine
6. in Essen-Altenessen
7. GGS Holsterhausen
8. Shepherd
9. in der Tiefgarage
10. das Handy

Weitere Informationen und Blick ins Buch unter
www.verlagruhr.de

Keiner darf zurückbleiben

**„Mir hat gut gefallen, dass ..."**
88 Impulskarten für gezielte und begründete Reflexionen
Kl. 1–6, 88 farbige Karten A4
**Best.-Nr. 978-3-8346-2309-6**

**Mein Klassenraum – perfekt organisiert**
160 Bildkarten, Regel- und Hinweisschilder
Kl. 1–4, 72 farbige Karten A4, teilweise zum Auseinanderschneiden
**Best.-Nr. 978-3-8346-2434-5**

**Der Universal-Kalender für Kita und Grundschule**
3–10 J., 110 farbige Karten A6
**Best.-Nr. 978-3-8346-3615-7**

**Was muss ich machen?**
35 visualisierte Arbeitsanweisungen
Kl. 1–4, 35 farbige Karten, 12 x 12 cm
**Best.-Nr. 978-3-8346-3588-4**

**Mein Grundschulzeit-Lapbook**
Kopiervorlagen zum Schneiden, Falten und Weitergestalten
Kl. 2–4, 48 S., A4, Heft
**Best.-Nr. 978-3-8346-3580-8**

**30 x kreatives Schreiben für 45 Minuten – Klasse 1/2**
Ausgearbeitete Stunden mit Kopiervorlagen
Kl. 1–2, 96 S., A4
**Best.-Nr. 978-3-8346-3565-5**

DaZ-Praxis
**Familie & Zuhause**
Differenzierte Arbeitsblätter für Deutsch-Anfänger
Kl. 1–4, 72 S., A4, Heft
**Best.-Nr. 978-3-8346-3572-3**

Merk-Poster
**12 große Merk-Poster DaZ – erste Sätze**
Kl. 1–13, 12 farbige Poster, A2
**Best.-Nr. 978-3-8346-3563-1**

**Upcycling! – Neue Sachen aus alten Klamotten**
22 einzigARTige Kreativideen für Kinder von 4–8
4–8 J., 64 S., A4, farbig
**Best.-Nr. 978-3-8346-3612-6**

**20 x klassische Musikstücke für 45 Minuten – Klasse 1/2**
Ausgearbeitete Stunden zu Komponisten und ihren Werken
Kl. 1–2, 96 S., A4 + CD-ROM mit allen benötigten Musikstücken
**Best.-Nr. 978-3-8346-3187-9**

**Schriftliche Rechenverfahren: Grundrechenarten – Klasse 3/4**
Merkblätter, Übungsaufgaben und Lösungen
Kl. 3–4, 80 S., A4, Heft
**Best.-Nr. 978-3-8346-3584-6**

**Stationen-Fotokarten für den Sportunterricht – Klasse 1/2**
Aufbauhilfen mit Bewegungsideen, inkl. DIN-A0-Aufbau-Poster
Kl. 1–2, 40 farbige Karteikarten, A4 quer
**Best.-Nr. 978-3-8346-3206-7**
*Ebenfalls für Klasse 3/4 erhältlich.*

Weitere Informationen und Blick ins Buch unter

**www.verlagruhr.de**

## Keiner darf zurückbleiben

### 111 Ideen – Klassenlehrer sein in der Grundschule

Von Klassenverwaltung bis Raumgestaltung

Kl. 1–4, 128 S., 17 x 24 cm

**Best.-Nr. 978-3-8346-2585-4**

### Die Lehrerpersönlichkeit – Chance und Herausforderung

Wie Sie Ihre Rolle finden und Lernerfolg steigern

Kl. 1–13, 160 S., 17 x 24 cm

**Best.-Nr. 978-3-8346-3057-5**

### Selbstfürsorge als Basis der Lehrergesundheit

Strategien, Tipps und Praxishilfen

Kl. 1–13, 224 S., 17 x 24 cm

**Best.-Nr. 978-3-8346-3077-3**

### Mein Schulalltag, meine Ideen und Ich

Raum für Listen, Inspirationen und kreative Pausen

Kl. 1–13, 64 S., 17,5 x 18 cm, farbig

**Best.-Nr. 978-3-8346-3233-3**

### 111 Ideen zur Integration von Seiteneinsteigern

Flüchtlings- und Migrantenkinder von Anfang an richtig begleiten

Kl. 1–4, 176 S., 17 x 24 cm

**Best.-Nr. 978-3-8346-3185-5**

### 77 motivierende Unterrichtseinstiege für die Grundschule

Kl. 1–4, 176 S., 17 x 24 cm

**Best.-Nr. 978-3-8346-2428-4**

### Individuell lernen – gemeinsam arbeiten

Ein kompetenzorientiertes Unterrichtsmodell aus der Grundschulpraxis

Kl. 1–4, 224 S., A4, farbig, mit bearbeitbaren Vorlagen auf CD-ROM

**Best.-Nr. 978-3-8346-2713-1**

### 60 Pausenhof-Klassiker

Spiele für Kinder und Jugendliche

Kl. 1–10, 80 S., 17 x 24 cm, farbig

**Best.-Nr. 978-3-8346-3190-9**

### Praxisbuch Kopfgymnastik für Kinder

Mit kleinen Übungen aus der Kinesiologie das Gehirn aktivieren, Konzentration fördern, Denkblockaden lösen

5–10 J., 104 S., 17 x 24 cm, farbig

**Best.-Nr. 978-3-8346-2613-4**

### Resilienz entwickeln und stärken in der Grundschule

Praktische Materialien, die Kinder widerstandsfähiger machen

Kl. 1–4, 128 S., A4

**Best.-Nr. 978-3-8346-3581-5**

### Grundschulkinder entspannen mit Autogenem Training

Praxiserprobte Übungen und Geschichten

Kl. 1–4, 88 S., A4

**Best.-Nr. 978-3-8346-3574-7**

### Klassensprecher, Klassenrat und Schülerparlament

Praxisanleitungen zur Demokratieerziehung in der Grundschule

Kl. 1–4, 128 S., A4

**Best.-Nr. 978-3-8346-2978-4**